江湧
卞永清 著

中國現代文學
名家傳記叢書

秋實滿園——梁實秋

陳信元
張堂錡 策劃

文史哲出版社印行

國家圖書館出版品預行編目資料

秋實滿園：梁實秋 / 江湧, 卞永清著. -- 初版. --
臺北市 :文史哲, 民 90
面; 公分. -- (中國現代文學名家傳記叢書；9)
參考書目：面
ISBN 957-549-470-9(平裝)

1. 梁實秋 - 傳記 2 .中國文學 - 傳記

782.886 91017269

中國現代文學名家傳記叢書 ⑨

陳信元・張堂錡策劃

秋實滿園：梁實秋

著　者：江　湧・卞　永　清
出版者：文　史　哲　出　版　社
登記證字號：行政院新聞局版臺業字五三三七號
發行人：彭　正　雄
發行所：文　史　哲　出　版　社
印刷者：文　史　哲　出　版　社
臺北市羅斯福路一段七十二巷四號
郵政劃撥帳號：一六一八〇一七五
電話 886-2-23511028・傳真 886-2-23965656
實價新臺幣 三〇〇元

中華民國九十一（2002）年十月初版

ISBN 957-549-470-9

書系緣起

陳信元
張堂錡

法國詩人兼批評家聖伯甫（Sainte Beuve，1803-1860）曾說：「在批評學上，我覺得使人讀之生快感而增見聞的，最好是替偉大的作家生動而詳實的傳記。……鑽入作家的身心、懷抱，用各種方式使其活動，並觀察他的時代、習慣及生活，這樣，才算得上是個真正的批評家。」也就是說，一個批評家如果不能進入作家的心靈世界，與作家進行一種心領神會的交流，感知其情意，認知其思想，同時對其所處時代、社會、環境種種有深刻的理解，則很難能對作品有剖析精闢的評論。因此，要理解作品，應該先了解作家，而文學傳記正是我們理解作家的重要門徑之一。一部傑出的傳記，理應是融合了作家論、作品論、歷史論、鑑賞論、批評論、創作論等多種功能、技巧或條件於一身的產物。

一個優秀的傳記文學作家，應該是傳主的真正知己，能把傳主的整個人格呈現出來；一部優秀的傳記文學作品，除了文字引人入勝外，更要使傳記中人栩栩如生，散發出動人的力量，透射出豐富的智慧。這除了要靠資料搜羅求其完備的真實性講究之外，善於運用文學技巧進行剪裁、安排、刻劃的藝術性追求，也是不可或缺的基本條件。如果能找到許多位優秀的傳記文學作家，寫出一部部兼具可讀性、史料性、藝術性的傳記文學作品，我們相信對文學研究的深化、作品的廣為流傳，甚至於創作經驗的傳承、熱情的點燃，都將會是極具正面性的嘗試與貢獻。

這是我們的心願，也是我們長期關懷文學發展的理想追求。如今，這個心願與理想，透過《中國現代文學名家傳記叢書》的企劃推出，得到了彌足珍貴的落實。說「彌足珍貴」是真的，學術作品的出版一向不受主流市場的青睞，作家傳記雖然已較通俗可讀，但和那些政治人物、影劇明星內幕八卦的「傳記」轟動上市、旋即再版的「盛況」相比，文學作家傳記確實是有些寂寞，何況相關作家的傳記在市面上已有許多不同版本在流傳，我們能推出這套叢書，若不是文史哲出版社社長彭正雄先生不計成本的支持，以及對這套叢書的內容品質，撰稿群的學養功力深具信心，這個心願是很難達成的。

打開中國現代文學史，魯迅、巴金、郁達夫、曹禺、冰心、朱自清、錢鍾書、林語堂等一連串的名家，他們的人生際遇、生命抉擇、生活型態、創作追求，構築起一座座豐盈、迷人的心靈園林，讓後人流連；他們在時代變動中所發出的光與熱、情與意，也同樣令後人仰望、懷想。他們以自己的生命、作品、藝術理想，為逝去的二十世紀刻鏤下最深刻、也最華麗的印記。他們的傳記，既是二十世紀文學史的縮影，也是現代中國知識分子心路歷程的曲折呈現。認識這些作家，不僅認識了文學，也認識了現代中國，認識了自己。

這些現代文學名家的傳記，在撰稿者秉持設身處地、還原情境、正視後果、多面探掘等原則，並採宏觀與微觀兼具、大歷史與小歷史並重的寫作態度，篇幅不求其厚長，內容卻力求其豐實生動，人物刻劃力求其準確有度的要求下，如今已呈現在讀者的面前。我們澆灌現代文學園圃的用心深意，看來已有了纍纍碩實的成果。

值此世紀回眸之際，我們祈盼新世紀的作家身影不再寂寞，文學可以迎回另一個世紀的璀璨風華。從這個角度看，這套叢書，既是回顧，也是前瞻；既是總結，也是一個好的開始了。

感謝所有的撰稿者，以及為這套書奉獻過心力的朋友。

二〇〇一年元月序於臺北

秋實滿園——梁實秋

目錄

前言：梁實秋的文與人

對於梁實秋長達八十四年的人生之旅，也許我們可以把它比作一本底蘊豐厚的大書，在那幾近一個世紀的春秋變換之中，除了個人生活的坎坷經歷、風雨恩怨之外，多多少少我們還能體察到一點整個二十世紀中國社會的政治、經濟以及文化變遷的血脈搏動。從這個意義上說，今天我們爲梁實秋立傳，不僅是在緬懷一位已經逝去的文化名人，同時也是在緬懷那一段已離我們漸漸遠去的歷史。

梁實秋是屬於文壇的。經受過五四新文化運動的風雨浴洗過的那一代人，抱著對人生和藝術獨特的思考，在中國社會醞釀著翻天覆地變化的轉型過程中，他們與文學結成一種天然的聯繫，當歷史和社會賦予他們機運的時候，他們成了繆斯的寵兒。他們曾浸染于中國傳統文化之中，也接受過開時代風氣之先的新式教育。熟稔于心的傳統文化賦予了他們典雅和深沈，儘管他們在日後的文學生涯中對古典文化的態度大相徑庭，或激進，或溫和，甚或保守，但這種潛印於心、根深柢固的影響始終如影隨形地跟隨著他們；而新式教育、新思潮則爲他們打開了另一扇大門，使他們看到了另一個世界、另一種人生，使他們的視界因之豁然，心胸爲之開闊。與他們的前輩們相比，他們有吸納，有繼承；更有創新和開拓。這樣的文化基本結構，鑄就了他們手接兩端的文化巨人特質。梁實秋在其中即使算不上是典範，大概也是頗具代表性的一例。

從文化觀上來說，梁實秋屬於保守的一類。與同時代的許多人相比，特殊的家庭環境和生活經歷，使他對傳統文化有了更多的眷戀和信賴的情緒，而在美國接觸到的新人文主義則更堅定了他對古典文化的信念。高舉著以理制欲的「人性」大旗，梁實秋成了二十世紀二十年代中國文壇上鼓吹「人性」的最具影響力的人物。梁實秋認爲，「偉大的文學乃是基於固定的普遍的人性」①，「文學發於人性，基於人性，亦止於人性」②；那麼「人性」是指什麼呢？「圓顱方趾皆謂之人，人人皆有人性」，但只有「在超越了自然境界的時候，運用理智與毅力控制他的本能與情感，這才顯露人性的光輝」③，而且這樣的人性是「永久的，普遍的，固定的，沒有時間的限制與區別」④。在理性和情感的二元關係中，梁實秋對情感並不完全持排斥態度，但在他的人性觀中對理性價值意義的更高理解，使他始終堅定不移地相信文學應當以表現以理性爲基礎的人性爲宗旨，並由之而形成了他的以理制欲的文學觀念，在文學創作中的具體表現就是強調文學創作應當遵循「適當」、「適合」的藝術原則。

梁實秋的文學觀又是帶有貴族氣的。持著「天才論」的觀點，他認為文學家是天才中的一種，他們是先知先覺者，只有他們能感悟到人生世態的種種境遇和具有更高層次的情愫：歡樂與欣喜，悲壯和淒涼，崇高和鄙俗……文學便是他們展現這些領悟並加以天才運思使之成形的藝術化結果。所以，好的文學從來不在乎觀眾的寡眾，「最高的藝術，總帶有一些貴族性。」⑤

從上面的觀點中不難看出，梁實秋的文學觀帶有很強的古典主義色彩，正是在這樣的文學觀念的指導下，梁實秋對以反傳統為目標、以人道主義和個性解放為重要表徵的五四新文學歷程予以了堅決的否定。

梁實秋是位散文大家，他的文學實踐活動主要集中於散文創作，其文學實踐的主要成就也顯示在散文創作上。與他的整個文學觀念相一致，他的散文觀的核心也是「適當」，「散文的美，美在適當。」⑥所謂「適當」，在散文創作中的具體表現就是「簡單」和文調的「雅潔」。「簡單」即求其簡短而精悍，所言不多，卻能做到言簡意賅，談言微中，意味無窮；「雅潔」則是指在追求一種典雅精致的藝術氣質的同時，力求行文表意上的暢達明晰。

在他的散文創作中，梁實秋努力奉行和證明著他的文學和散文觀念。文學要寫能夠跨越時空的人性，要表現這種永恒不變的人性，於是在他的散文裏，讀者幾乎體察不到與時代、社會息息相關的話題，充盈於其間的多是些衣食住行等人世常態，有貓狗花草，有男人女人和孩子，談旅行之苦樂，道代溝之長短，乃至罵人的藝術和訣竅……如此種種，不一而足，人生百態從他的筆下縷縷而至。他的散文，篇幅雖短小，卻不乏警策之力，在平和從容的語調之中，向讀者展示著一種智者對生活的洞察和見地。行文潔淨而雅致，清明曉暢中包孕著一股濃濃的儒雅之氣，頗得幾分「哀而不怨」的敦厚之道，于溫文爾雅的文氣之中形成了獨樹一幟的幽默風格。創作於四十年代的《雅舍小品》，便是其中的代表。

到了臺北之後，他創作於晚年的作品，特別是那些記人寫事的散文，藝術上則更進一層。也許是因為年齡的原因，雖然仍能看出有意識的理智克制的痕跡，但對那些如煙般散去的故人往事的眷戀之情卻日益濃重，鄉音鄉情，友誼與親情在心頭縈繞不去，時時襲來，往往蓋過了理性的因素。感情的潮水沖決了理智的堤壩，恰好似一壇封存已久的佳釀，歷久彌醇，一旦開啓，則滿室飄香。散文的筆力渾厚了許多，筆法上也更富於變幻。這一時期創作的作品實為梁實秋散文中的上品。

觀其文，識其人。在梁實秋那些執著於描寫「人性」的文字後面，我們彷彿總能感覺得到他對世道人心的熱誠，觸摸到他隱藏其中的強烈的對生命渴望的血脈搏動。他有知識份子的清高，但並不因此而冷眼「出世」。他是一位文學家、學者，但他更是一個生活的追求者和享受者。嘉朋良侶，人間煙火，不僅在他的筆下呼之欲出，也活生生地存留在他的生活中、記憶裏。歡聚苦別，人世滄桑，一生中歷盡飄零之苦，卻能始終保持著一以貫之的樂觀與豁達；一生執著，晚晴似火，有文人之閒情雅趣，亦不乏普通人的陶陶之樂。對生活和生命的熱愛與忠誠，也許可以說是梁實秋一生留給我們後來者最大的啓迪。

他有傲骨，所以與仕途無緣；他曾熱衷於政治，卻從不以之爲謀求富貴的晉身之階；他剛直，故少爲外物所動；他也有深情，對妻兒老小、良友親朋……其文其人，可觀可悟之處多矣！至於取誰捨誰，只能等待著讀者們的慧眼識辨。若能從這本小冊子中有一點點的收益，便是著者最大的欣慰。

江湧　卞永清　二〇〇二年五月一日

【附　註】

①梁實秋：《偏見集．文學與革命》，正中書局一九三四年版。

②梁實秋：《文學的紀律．文學的紀律》，新月書店一九二八年版。

③梁實秋：《我是怎麼開始寫文學評論的？．梁實秋文學回憶錄》，嶽麓書社一九八九年版。

④梁實秋：《文學的紀律·書評兩種》，人民文學出版社一九八八年版。
⑤梁實秋：《現代中國文學之浪漫的趨勢》。
⑥梁實秋：《談散文》。

小引：梁家大院

在中國，可能只有在故都北平，這才是一座可以常看到的院落。院門不大，但有門前的四層臺階映襯，總給人一種高高在上的感覺，無形中生出幾分貴族之家的氣派；臺階兩側分列著上馬石凳，大門上面有用黑漆紅心浮刻而成的「忠厚傳家久，詩書繼世長」的對聯，門框旁掛著的木牌上刻著「積善堂梁」四個字；緊挨著大門裏面的是一間門洞，左右各有一條懶凳；進大門，穿門洞，迎面是兩塊金磚鏤刻的「戩穀」兩個大字，取福祿吉祥之意。前面擺著一大缸水蔥（正名爲莞，一種花草），除了寒冬結冰的季節，長年總是綠油油的，茂盛異常。

整個院落共有三十幾間房屋，分正院、前院和左右跨院。進大門左拐是前院，坐北朝南是三間正房，中間一間被闢爲過廳，另兩間分別用作書房和佛堂。院子的南邊是供傭人們住的居室，西邊是四扇屛門，進去便是西跨院，兩間北房由塾師居住，兩間南房則堆置著各種書籍。跨院內種了四棵紫丁香，枝條逾牆，春暖花開之時，丁香花開，滿院芬芳。

穿過過廳，又是一個院子，迎面是一個垂花門，門旁種著四大盆石榴樹，每逢夏季，石榴花開，枝頭焰焰，如火一般，映紅了整個院落，此外還種有梨樹、西府海棠等花草植物。院子的東頭是廚房，繞過一個月亮門是東院，院內種著柿子樹、紫荊、榆葉梅等花果樹木。東院寬敞處的主要用途是搖煤球，年年秋後，傭人們便開始張羅著忙碌起來，將煤渣與黃土和在一起，加水，和成稀泥，平鋪在地上，用鏟子割成小方粒，然後放在大簸籮裏滾成圓球狀，攤開，曬乾，留著冬天使用。這裏雖有些髒亂，但卻是頑皮的孩童們喜愛的好去處。

再進一道垂花門便是內院，院當中是一個大魚缸，缸中還曾有過一座小型的假山，但歲月流變，假山不見了，魚缸也成了堆放煤渣的器皿。內院有上房三間，左右各有套房兩間，為住家所用。西廂房，便是本書的傳主——梁實秋和他的父母及兄弟姐妹們的居所。

梁家大院座落在北京頗有點兒名氣的勾欄胡同（即後來的內政部街。光緒末年，設民政部于勾欄胡同，改勾欄胡同為民政部街，後又相繼改為內務部街、內政部街），地處皇城東部，算是個熱鬧的所在。

在當時的中國，這是一個典型的富庶之家的宅院。對於一個不諳世事的兒童來說，這一片天地已是夠大的了，梁實秋生於斯，長於此，他日後關於童年的記憶，幾乎就是圍繞著這個幽深的庭院而生成的。它留給梁實秋的，不僅僅有一生中永遠無法忘懷的頭頂上那片湛藍得幾乎沒有一絲雜質的天空，還有思想上很難突破的禁囿。

第一章　童年時代

一、童　年

西元一千九百零三年一月六日（光緒二十八年十二月初八）的凌晨，正逢傳統的「臘八節」。熬煮「臘八粥」的炊煙還沒有升起，惟有侵人肌骨的寒風撩起片片敗葉，在大街上肆無忌憚地遊走著，偌大的北京城裏夾著中國最後一個行將就木的王朝，酣眠於一片頹敗的靜寂之中。

此刻，位處勾欄胡同內的梁家大院裏卻是另一番截然不同的景象。院子裏燈火通明，除了孩子們，主人家和下人們早已起床，正在各自忙碌著，陣陣寒風中偶爾夾雜著的下人們帶有點恭維口氣的道喜聲更爲忙碌中的梁家大院增添了幾分喜慶的氣氛：他們剛剛迎來了又一位新成員——梁家的第二個男孩梁實秋。

雖然居住在很有幾分氣派的梁家大院中，但梁家並非世家。梁實秋的遠祖在直隸省（今河北省）沙河一帶以務農為生，至梁實秋的祖父，方始遷至北京，後得機遇赴廣東宦遊，家道開始漸漸興盛起來。宦遊期滿後，返棹北歸，路過杭州時，作短暫逗留，恰逢梁實秋的父親入學應考，遂落籍錢塘，從此以後，梁實秋的籍貫一直是浙江錢塘（今杭州）。直至一九一五年，梁實秋十三歲時，因投考清華學校，為了就近在天津(當時直隸省府所在地)應考，以免往返奔波之苦，方在京兆大興縣署（當時北京東城屬大興縣）申請入籍，梁實秋才成為名副其實的北京人。

梁實秋的父親梁咸熙生平不可詳考，僅就梁實秋本人的有關回憶可知他是秀才出生，同文館第一期學生，通英文，接受過當時較先進的新式教育，後逢兵亂輟學，曾任職于京師警察廳，後賦閒在家。梁咸熙酷愛讀書，特別是對中國傳統文化，有著較深的依附情感，很重視對孩子的傳統文化的教育。在梁實秋赴美留學時，曾送其一套同文書局印行的前四史，囑咐他在「閒暇之時隨便翻翻」。但從梁實秋後來的回憶錄中我們也不難發現，梁咸熙並不是一個死抱祖先遺訓、頑固不化的迂儒，從思想上說，還是較為開明的。

梁實秋生於「臘八節」這一天，按民間傳統的習俗，這正是一年中收穫結束，祭神享神的日子。也許是因為這個緣故，他的祖父按輩分，給他取名治華，字實秋。成名後，因一直以字行世，所以他的本名反倒極少有人提起了。

民國以前的梁家是純粹舊式的，家規很嚴。門房、下房這些下人們幹活、居住的地方，小孩子是不能涉足的；爺爺奶奶住的上房、父親的書房，無事也不准進去，祭神、祈禱用的佛堂就更不用說了。穿著也很講究，平時在家不准穿白衣白褲，以避忌諱。以至梁實秋進了小學後，他的父母只能瞞著祖父母爲他做了制服，每次離家之前，都要在制服外面罩上一件竹布大褂，白色的褲腳要高高捲起，放學回家後，先偷偷地溜到屋裏，趕快換裝，然後才敢在屋外走動。家中的膳食也是有嚴格規定的，祖父母吃小竈，父母和孩子們吃普通飯，下人們吃大鍋飯，只有吃煮餑餑、熱湯麵時是例外。

每逢暮春時節榆錢紛落的時候，與北方許多平常人家一樣，梁家也要吃一頓榆錢糕。名爲糕，實際上是將撿來的榆錢洗淨，和以小米麵或棒子麵，上鍋煮熟，盛至碗內，加醬油、醋、蔴油等調料食之。每至糕成，全家上下聚在院內，於階前分而食之。按規矩，下人們吃過一兩碗之後，均要請安道謝而退。有一次，梁實秋的大哥一時心血來潮，吃完後也學僕人模樣，走到祖母跟前，屈下一條腿深深請了個安，並說了聲「謝謝您」，這一舉動把祖母氣得差一點昏厥過去。梁鹹熙無奈，只能拿出一根藤馬鞭，施以家法。雖然是高高地舉起，輕輕地落下，但這一幕在梁實秋幼小的心靈上卻烙下了深深的印記。幾十年後，憶起往事，還慨歎「對於無理的專制與壓迫在幼小時就有了認識」。

但在梁實秋的內心深處，對這樣的專制與壓迫的認識，更多地被溫馨的親情和兒時無憂的童趣洗成了一種淡淡的記憶。雖然宥於深深的庭院，童年時代的梁實秋很少嘗試過一般家境下孩童們的「野趣」，但在那種無憂無慮的歲月裏，誰都有值得自己回憶的快樂往事。

殷實的家道，使梁實秋少受饑餓之苦，家裏的飯桌上雖沒有山珍海味，但每逢春夏之交，在黃魚、大頭魚進入旺季之時，全家人可以大快朵頤，每人可分到一整尾魚；秋風起時，總要吃一兩回鐺爆羊肉；吉慶之日，逢祖父母高興，可能還有整隻的烤豬或燒鴨之類的犒勞。而夏季的晚間，隨父親去東四牌樓下自家開的乾果子鋪，對著汽水瓶口汩汩而飲，配以從蜜餞缸裏抓出來的蜜餞桃脯的皮子，則更是一大享受。

因爲嚴整的家規，梁實秋童年時代的許多時光是在西廂房裏那個大炕上度過的。炕很大，上邊由被褥堆垛成的被窩垛便成了梁實秋兄妹們嬉戲玩耍的主要場所。他們爬上爬下，直到把被窩垛壓得連人帶被一塊滾落爲止。炕上有桌，那是梁實秋兄妹接受啓蒙的所在。夜晚，一盞油燈，三根燈草，梁實秋兄妹幾人盤腿坐于桌邊，就著炕桌描紅模子，寫大字，或是誦讀商務出版的啓蒙課本，當讀至「一老人，入市中，買魚兩尾，步行回家」，滿懷疑竇的梁實秋曾問父親：「爲什麼他買兩尾魚就不許（步行之音誤——筆者注）他回家？」逗得哄堂大笑。晚上睡覺時，兄妹幾個擠在一張炕上，很熱鬧，尤其是到了冬天，鑽進被窩裏仍是笑語不休，喧鬧不已，直至遲睡的母親過來巡視，把每人的棉被塞緊，使不透風，溫暖異常，方才怡然而眠。

就是平常待人嚴厲的祖父，有時也不免眞情流露，令人親近有加。有一次，正在院子裏玩耍的梁實秋兄妹聽到胡同裏「打糖鑼兒」的聲音，一時忘形，迫不及待地蜂擁而出。祖父看見，大吼：「跑什麼？留神門牙！」等他們買了東西回來，祖父喚他們進去，指著梁實秋問：「你手裏拿著什麼？」「糖。」「什麼糖？」梁實秋遞上兩根手指粗細的東西，一根黑的，一根白的。並解釋道：「這黑的，我們取名爲狗屎橛；這白的爲貓屎橛。」祖父笑著接過去，一支嘗了一口，連聲叫好，讓他們下次再買的時候也給他買兩支。從此，每聽到糖鑼兒聲響，梁實秋他們便會站在院中大叫：「爺爺，您吃貓屎橛，還是吃狗屎橛？」屋裏的爺爺會應聲答道：「我吃貓屎橛！」

小時侯過年總是很熱鬧，孩子們可以找尋到許多平常的日子裏享受不到的快意之事：除夕滿院子撒上芝麻稭，踩上去咯吱咯吱響，如鞭炮一般；花燈出籠時，每個孩子也獲准提一隻紙糊的「氣死風」，四處遊蕩；新年去禁忌，一年中難得放肆，大開賭戒，可以擲狀元紅，呼盧喝雉。惟有按規矩穿戴整齊，挨門挨戶去給長輩們拜年這樣的縟節是梁實秋很不樂意的。

辛亥革命後，梁家也進行了「革命」，繁文縟節去除了不少。首先是剪去了那條令人厭煩的辮子，不再受每天起床後梳辮子的揪痛之苦；可以穿白布衫褲，可以隨時在院子裏拍皮球，放風箏；可以逛隆福寺吃「驢打滾兒」、「愛窩窩」；有時父親高興還會帶著孩子們一塊去擠廠甸。

醇厚的親情籠罩了梁實秋的童年，幽深的梁家大院並沒有使童年時代的梁實秋產生任何的局促和不安，在那裏，梁實秋平安而快樂地邁出了人生的第一步。在每個人的一生中，關於童年的記憶也許是最有漏缺的，但這並不妨礙它對一個人的深刻影響，因爲畢竟是它留給了一個人對世界的第一個印象。幽深清淨的梁家大院，使童年時代的梁實秋幾乎過著一種與世隔絕的生活，在他的眼裏，沒有不平和醜惡，因而也少有憤激和痛恨；而衣食無憂的生活境遇，則更使他體驗不到饑寒的苦楚。寧靜無擾的家庭生活，使他無緣去品嘗像魯迅那樣因家道中落而飽受世態炎涼之苦的深切體會；小康之家重親情的氛圍，使他不會有巴金那樣對毫無人性的封建大家族生活痛徹心骨的憎恨。充溢著親情關愛的梁家大院，給了梁實秋太多太多的溫暖，它成了培育梁實秋思想深處保守因素的溫床。

二、在小學

「萬般皆下品，惟有讀書高。」與許多家庭一樣，望子成龍也是梁實秋父母的心願。梁實秋的啓蒙教育始於家中的炕桌上。六、七歲時，每至夜晚，吃完晚飯，梁實秋兄妹幾人便圍桌而坐，開始描紅模子，念字號兒，後來讀書局出版的「看圖識字」。父親每天都要過來，教他們幾個字；督學的是母親，她經常坐在炕沿上，一邊做活計，一邊看著他們，身邊總少不了一把炕笤帚，誰要是不老實，便倒握笤帚，在他的小腦袋上敲擊一下，很疼。

不久，梁實秋進了五福門小學學習。這所小學地處梁實秋家所在的內政部街西口，因校門橫楣上有五個磚刻的「福」字，故名。開學那一天，梁實秋與其他同學一樣，穿戴上一色的纓帽呢靴，站在學校的操場上，在翎頂袍褂打扮的提調學監們的帶領下，對著先聖孔夫子的牌位行三跪九叩的大禮，然後便算是入學讀書了。

但在那些搖搖擺擺、迂腐冥頑的提調學監們的手下，梁實秋並沒有學到什麼知識。那所學堂給梁實秋留下的唯一印象是學校後院中的一棵合歡樹，每當花開花謝、落英遍地之時，孩子們都搶著拾起來玩。每天清晨，誰先到學校就可以撿到最好的花，從小就養成早起習慣的梁實秋總是撿的最多。沒過多久，不知什麼原因，這所學堂便關門大吉了。

回家以後，梁咸熙曾在家中爲梁實秋兄妹請過一位賈姓教師。那時所用的課本已經是新編的國文教科書，從「人、手、足、刀、尺」起，直至「司馬光幼時……」，但這位拔貢出身的賈先生似乎更適合做一位私塾先生，他用的教學方法仍然是傳統的「念背打」三部曲。

也許是賈先生宅心仁厚的緣故，不論梁氏兄妹如何調皮，三部曲中的「打」這一項從來沒有施行過，但這樣刻板的教學方法不能吸引梁實秋卻是顯然的。

一九一〇年，開明的梁咸熙爲了讓兒子接受新式教育，不惜昂貴的學費負擔，將梁實秋和他的大哥梁治光送進了位處大鵓鴿市的陶氏學堂。陶氏學堂爲滿清顯貴端方①所創。端方其人在滿清政府中是位較有遠見的人，不僅自己對金石學頗有研究，也很重視對自己後代的教育，因家族龐大，人口衆多，爲了解決子弟教育問題，投資創辦了私立陶氏學堂。學校中的學生以陶姓子弟爲主，也附帶招收一些外面的學生，因其收費昂貴，故有貴族學堂之稱。陶氏學堂雖號稱新式學堂，其實是徒有虛名。梁實秋和他的大哥在學堂裏呆了一年，學識上的長進與在五福門差不多。教國文的老師是一位南方老夫子，只教學生們讀書、背誦，卻不講解。教《詩經》時，他扯著嗓子喊：「擊鼓其鏜」，學生們也跟著叫，然後再是「踴躍用兵，土國城漕，我獨南行」。先生的喉嚨叫啞了，便喚一位班長之類的學生代他吼叫。如此再三，一年的光景便在這樣的吼叫聲中漸漸地逝去了。雖然也因此背下了若干首古詩，但心中卻不甚了了。

在陶氏的一年，學識上略無長進，倒是有機會看足了八旗子弟們的種種醜態：

……陶氏子弟上課時攜帶老媽子，聽講之間可以喚老媽子外出買來一壺酸梅湯送到桌下慢慢飲用。聽先生講書，隨時可以寫個紙條，搓成一個紙團，丟到老師講臺上去，代替口頭發問，老師不以爲忤。陶氏子弟個個恣肆驕縱，橫衝直撞，記得其中有一位名陶栻者，尤其飛揚跋扈。他們在課堂外，成群的呼嘯而入，動輒動手打人，大家爲之側目。②

清廷的傾覆，便是從它的這群敗家子的後代們身上也能看出。

一年後，武昌起義爆發，端方遇難，陶氏學堂也隨之土崩瓦解，梁實秋再次輟學還家。至一九一二年(民國元年)的夏天，才有機會進入公立第三小學，開始了他眞正的求學生涯。公立第三小學在北京東城根的新鮮胡同，是當時辦得比較好的學校，離梁實秋的家又近。每天清晨，梁實秋和他的大哥結伴而行，風雨無阻。一路上有惡犬，有在內政部門前挂著上了刺刀的步槍半睡半醒的巡捕，有賣螺絲轉兒油鬼的，有賣甜漿粥的，有賣烤白薯的，有賣糖耳朵的，還有提著鳥籠的溜鳥人；有時見到路邊羊肉床子宰羊，便駐足而視，看個稀奇。梁實秋和他的大哥在這條不管晴雨均有泥濘車轍的街道上走了整整三年。陋巷破敝，但留給梁實秋的卻是故鄉的萬種風情，印在他心上的是深深的鄉土情結。

公立第三小學是比較正規的學校，開設了國文、歷史、地理、英語、數學以及體育等課程。因梁實秋的父親梁鹹熙曾是同文館的第一期學生，懂些英文，梁實秋在未進小學之前就接受過英文啓蒙，所以他的英文水平常常令老師們大爲吃驚，也因之很喜歡他。有一位留日歸來的程朴洵老師曾在梁實秋畢業時送他一部原版的馬考萊《英國史》，以示嘉勉。而數學一科，則非梁實秋所擅長。至於像編紙一類的手工課程，則非回家請大姊幫忙不可了。

不知爲什麼，那時的體操課似乎更像是軍訓。立正、稍息、槍上肩、槍放下……喊得威風，做得整齊。教體操課的錫福先生特別喜歡梁實秋所在的那個班，因爲他們總是把槍擦得鋥亮，服裝穿得也齊整，正步走時踏地特別用力，「嘭嘭」作響，給老師掙面子。體操結束後，通常是踢足球。豎起兩根竹竿便是球門，一半人臂纏紅布，哨聲響處，鏖戰即起。人高馬大的橫衝直撞，所向披靡；像梁實秋這樣瘦弱矮小的，只能敬而遠之，以免受傷。但嗚笛收隊之時，無論是粗壯的，還是弱小的，均是歡呼雀躍，皆大歡喜。

在梁實秋的眼裏，第三小學的一切都是那麼新鮮。但同學們中間盛行的說髒話、開惡作劇式的玩笑、尙武好鬥甚至有意欺負人的風氣則是梁實秋所不屑的。

在公立第三小學的三年中，對梁實秋影響最大的是他的班主任周士棻先生。這位當時三十幾歲、籍貫山西的周先生，勤勉、嚴謹，誨人不倦，是梁實秋眞正的啓蒙業師。他教國文、歷史、地理、習字等課，教學態度認眞負責。史地方面，除了課本之外，還自己動手，編寫許多補充教材，每次上課前，總是密密匝匝地寫滿兩大塊黑板，上課時精心講解，並要求學生抄寫，月終呈繳核閱，從不懈怠。習字一科，用黑板槽裏殘積的粉筆屑，以水和之，筆蘸寫字於黑板之上以作示範；灰泥乾後，黑白分明，筆意畢現。周先生要求學生寫字時橫平豎直，一絲不苟，主要以柳體教授學生，兼及行草、小楷。小學三年，梁實秋對書法初窺堂奧，對他日後的書法影響很大。

周先生不僅教書，也很注意育人。他對學生要求很嚴，特別注意生活上的小節，紐扣是否扣好，頭髮是否梳齊，乃至說話的腔調、走路的姿勢，無不一一過問，加以指點。要求學生做到的，周先生自己也毫不含糊：布衣敝履，纖塵不染；走起路來，昂首闊步；講話時和顏悅色，但永無戲言。梁實秋的父親也很敬重周先生的爲人，在梁實秋畢業後特別請他爲梁實秋的弟妹們補課多年，後來還請他租用鄰家房產居住，成爲梁家的鄰居。成年後的梁實秋的身上，仿佛就有這位周先生的影子。

梁實秋在小學的幾年中，中國的政局發生了天翻地覆的變化。一九一一年，孫中山先生領導的辛亥革命推翻了腐敗不堪的清王朝，結束了中國長達兩千年的封建統治，建立了民主共和國，並于翌年就任臨時大總統。但白手起家的孫中山卻無法控制各地手握重兵的軍閥藩鎮。內外威逼之下，從民族大局出發，孫中山在就職百天後便遜位於北洋軍閥首領袁世凱。就是這位一心想做皇帝的民國第一任大總統，爲了替自己不欲南下就職找藉口，竟唆使部下曹錕在北京演出了一場兵變的鬧劇。

一九一二年陰曆的正月十二，新年歡愉的氣氛還沒有完全消散，吃完晚飯後，梁實秋一家十餘口正圍著炕桌擲狀元籌。鬧得正歡之時，忽聽外面響起爆豆般的槍聲，梁父打電話詢問，方知是曹錕部下駐守祿米倉的士兵嘩變了。祿米倉位於城東，離梁實秋家很近，變兵在縱火燒了東安市場之後，如餓虎般衝進胡同，撲向民宅。梁實秋家因為離得近，所以未能倖免。一家人手忙腳亂地蹬梯翻牆，躲在鄰居家的天溝上，在黑暗中「聆聽」了變兵們搶砸家室的全過程。幸虧有個打雜的傭人，慌亂中躲在院內的煤堆後面，亂兵走後，及時關上了大門，才使梁家躲過了緊隨而來的更為可怕的「掃營兒」（指地痞流氓們趁亂洗劫）。即便如此，原來家道殷實的梁家在遭此一難之後，開始有了中落的景象。

這一幕發生在梁實秋入第三小學前五個月，與親歷過這場劫難的許多北京人一樣，民國元年的正月十二成了梁實秋一生中最不能釋懷的日子之一。當時尚且年幼的梁實秋當然不會知道，在他以後的生活中，他和他的同胞們還要經歷多少這樣的日子。

一九一五年（民國四年）的初夏，即將畢業的梁實秋與同學們一起參加了由當時主管教育的京師學務局主持的畢業生會考。榜發，梁實秋和他的大哥以及另一位欒姓同學均名列前茅，為第三小學贏得了榮譽。其中梁實秋得到的獎品最多，捧著獎狀、一部成親王的巾箱帖、一個墨盒和一副筆架及筆墨等獎品，十四歲的梁實秋告別了陪伴他三載的公立第三小學，踏進了在中國學府中聲名赫赫的「清華園」。

【附註】

①端方（一八六一年——一九一一年），滿州正白旗人，托忒克氏，按音近譯姓簡稱「陶氏」。

②梁實秋：《秋室雜憶》。

第二章　水木清華

一、初入清華園

一九一五年的清華學校（後爲清華大學）還沒有今天這樣隆顯的聲望。它是因一九〇七年美國老羅斯福總統決定退還庚子賠款①半數並指定滿清政府用於教育用途而創辦的新式學堂。當時的清華學校實際上是留美預備學校，按照各省分擔的庚子賠款的比例，把招生名額分配到各省。按規定，梁實秋的籍貫在浙江錢塘（今杭州市），應到杭州去參加考試，但考慮往返路途太遠，爲免奔波之苦，梁咸熙特地到京兆大興（時屬直隸省）縣署，爲梁實秋申請辦理了入籍手續，將梁實秋的籍貫改爲京兆大興縣，這樣梁實秋才得以赴天津（時爲直隸省府）省長公署報名應試。

梁實秋參考的那一年，直隸省分到五個清華名額，報名參加考試的有三十餘人，初試後取前十名，再經覆試遴選五名。那年直隸省的覆試頗像古時科舉時代考狀元，只不過主持考試的不是皇帝，而是當時的直隸省長朱家寶。覆試那天，十四歲的梁實秋與九個跟他年歲相仿的孩子，戰戰兢兢地站在直隸省署的大廳裏，先接受一位帶著微笑並抽著水煙袋的老者（想必是朱家寶）的逐個盤問，然後圍桌而坐，寫一篇作文，作文的題目出的也頗似「八股」：「孝悌爲人之本」。這個題目梁實秋以前好像作過，於是不假思索，一蹴而就。

發榜時，梁實秋名列其中，同時入選的還有吳卓、安紹芸、梅貽寶及一位未及入學即病逝的應某。從此，梁實秋與清華結下了長達八載的不解之緣。

這年八月末的一天，梁實秋帶上父母替他準備好的行裝，辭別了他從未離開過的家門，走上了通往清華園的路。

清華學校坐落在當時北京的西郊，出西直門，便上了一條直通清華園的大道。北京的初秋，正是這座古都最誘人的時節，芳草未凋，垂柳拂面，陣陣蟬鳴，烘托著夕陽中的黃土大道。此情此景，在從沒有離開過親人的少年梁實秋眼裏，可謂是別有一番滋味。

清華園原是清室某個親貴的花園，門上「清華園」三個字爲清代大學士那桐所題。門不大，有兩扇鐵柵，門內右側有一如蓋古松，斜倚有致，門前小橋流水，流淌自如。園內無盛景，但整潔異常，綠草如茵，望之可人；校舍簡單但常一塵不染。園內少有的一點點中國式的園林，用於點綴「工字廳」和「古月堂」。特別是「工字廳」後面的荷花池，池中碧葉紅花，相映成趣；池畔遍植參天松柏，清幽絕俗。徘徊池畔，有「風來荷氣，人在木陰」之致，廳後匾額上的「水木清華」四個字，確實當之無愧。在梁實秋八年的清華生涯中，這裏也成了他最樂意的去處。

當時的清華學校分高等科和中等科兩部分，各有四年學制，高等科畢業後即可赴美國留學深造。平時，這兩個部分是隔開的，食宿教室均不在一起。清華的學生都是從各省選拔進來的，一時間精英薈萃，在梁實秋的同屆同學中便有後來在中國歷史上大名鼎鼎的張治中、孫立人、吳景超等人。

少小離家，對這群十幾歲的孩子們來說，是件很痛苦的事。告別了熟悉的家門和親人，突然來到一個完全陌生的環境之中，思家之情是在所難免的，如果再遇上言語不通，交際困難，情況會變得很糟糕。有位廈門來的同學，就是因如此緣故，孤寂鬱悶而致精神失常，整天用英語喊叫：「我要回家！我要回家！」最終被遣送回家。在這方面，梁實秋算是同學們中最幸運的一個了。因爲家在北京，每星期日只要繳上一封家長的信，便可獲准回家一次。在家裏吃上一頓母親親自烹飪的午飯，待到夕陽西下之時，再返回學校。時間雖短，但父母的關愛、家庭的溫暖卻是能眞切地體會得到的，這多多少少滿足了一點少年遊子的思家之情。

二、清華印象

清華學校對學生的管理很嚴，從早飯到洗澡，都需按規定嚴格執行。早飯必須按時用餐，不得缺席；每周至少洗兩次澡，且需簽名；為免家長掛念，每兩星期必須寫家信一封，交齋務室登記寄出；學生身上不許帶錢，要存在學校的銀行裏，每月的零花錢支出需記帳，月底結算呈校方備核；除了這些日常生活上的規定外，看小說也在禁忌之列，因為它們不是「誨淫」，便是「誨盜」，不可妄觀。如此等等。這些條例均需嚴格遵守，否則便要遭受懲罰，手段之一便是逢星期六大家自由活動時，受罰者進思過室「閉門思過」。梁實秋就曾因在宿舍偷看《綠牡丹》而差點被罰，但大概是因為他是初犯，且「認罪態度」較好而「倖免於難」。思過是要牌示的，若干次思過等於記一小過，三小過為一大過，三大過者則要被開除回家。所以，在當時的清華，記過開除之事時而有之，有時那些一向品學兼優的學生也不能倖免。但這樣的嚴格管理只限於中等科，對高等科的學生則無約束之力。到了五四之後，這些規定條例便漸漸廢止了。今天看來，這樣的管理方式不無家長制之嫌，但在梁實秋的心中，這樣的做法畢竟是「利多弊少」，可以教人「許多做人做事的道理」。

清華學校是用美國返還的部分庚子賠款創辦的，美國退還款項的附加條件明令此款只能用於中國的教育事業，所以在當時的國人心目中，學校本身就帶著深刻的國恥意味。作爲培養赴美留學生的預備學校，清華學校在課程的安排上也與衆不同。上午的課如英文、作文、公民（美國的公民理論）、數學、地理、歷史（西洋史）、生物、物理、化學、社會學、心理學等一律用英語授課，教材也一律是美國出版的；下午的課如國文、歷史、地理、哲學史、倫理學、中國文學史等都用國語授課，用中國的教科書。畢業時，對各科的成績要求也不一樣，上午的課程均需及格，下午的科目則根本不在考慮之列。學校教師之間的待遇分配差別很大，中文老師薪水特別低，集中住在條件簡陋的古月堂。這樣頗含有民族歧視意味的種種現象，不由得使人不產生聯翩浮想。對學生的心理也產生了不同尋常的影響：一方面使學生蔑視本國文化，崇拜外人；另一方面容易激起反感情緒，產生逆反心理，對洋人偏不肯低頭。梁實秋的心理反應屬於後者，所以下午上課從不搗亂，而上午在課堂上則常不馴服。提起母校，梁實秋想到的不僅僅是難以忘懷的師恩、親如手足的同窗、生動鮮活的校園生活，還會使他聯想起庚子賠款、義和團、傳教的洋人、昏聵的官吏……清華園留給梁實秋那一代人的，有驕傲，也有激憤。

清華學校特別重視英文教育，除英文這一科外，上午的其他課程也均用英語教授，使學生獲得了很多聽說英語的機會。幾年中，先後擔任過梁實秋英文教師的有馬國驥、林語堂、孟憲承、巢堃霖，另外還有三位美籍教師。大概是由於他們大多年輕和所受教育不同的緣故，這幾位教師不僅學問好，教學態度認眞，而且教學方法也新鮮別致，所以很受學生們的歡迎。雖然因上文提及的原因，經常發生學生在課堂上做無理搗亂和反抗的事情，但八年英文教育的熏染，使梁實秋受益匪淺，不僅打下了扎實深厚的英文根柢，也爲他在中老年時期翻譯莎翁全集及其他英文名著奠定了堅實的學識基礎。

反觀清華的國文教學，則是另一番情形。由於當時學校聘請教員時只注意有無舉人進士等頭銜，所以國文老師多是些前清有過功名的老先生。這些頗有些遺老風範的老先生們上起課來可不太高明，迂腐、呆板勢不可免，無法滿足青年學生們旺盛的求知欲望，於是有好多學生便跑到北大去旁聽，比梁實秋低一屆的朱湘就曾這樣幹過。課上的情形則更是荒唐透頂：先生點名，一個學生可以替許多人答到，或答到後就開溜；留在教室裏的，或寫信，或看小說，甚至打瞌睡，而先生熟視無睹，自顧講去，不置一詞。清華學生重理輕文的風氣大概與此不無干係。

這其中，梁實秋碰到的徐鏡澄先生可能是個例外。這位徐先生相貌古怪，長得一副凶相，常穿一件油漬斑斑的長袍，仰頭，邁八字步，難得見他一笑，但笑起來樣子更凶，像是獰笑。有一天，徐先生可能是多喝了兩盅，搖擺著進了課堂。拿筆，寫字，作文題尙未寫完，一位性急的同學便開始發問了：「這題目怎麼講呀？」老先生轉過身來，先是冷笑，後是大怒：「題目還沒寫完，寫完了當然還要講，沒寫完你爲什麼就要問？……」諸如此類，滔滔而出。梁實秋坐視其旁，感覺受了無端的侮辱，便挺身而起，辯駁了幾句，結果引來一陣臭罵，足有一個鐘頭。但正是應了古語所謂「不打不相識」，從此以後，徐先生與梁實秋之間的關係反倒親近起來：批改梁實秋的作文特別詳盡，批之不足，還要當面解釋。徐先生批改作文，最擅長的是大勾大抹，洋洋灑灑的文章經他勾抹之後，所餘無幾，冗言盡去，筋骨突出，梁實秋從他那裏，學到了作文需「割愛」的道理。二十年代末期，梁實秋在他的一篇題爲《談散文》的文章中，把「簡單」視作散文的最高境界，當有徐先生影響的痕跡。此外，他還教了梁實秋許多作文的技巧，耳提面命，使梁實秋獲益甚豐，成爲他以後馳騁文壇受用不盡的財富。

除了英文與國文外，清華還照例開設了數學、音樂、美術、體育等課程，梁實秋那時正奉行「興趣至上主義」，所以沿襲了在小學時的特點，長於文而拙於理，對於代數、三角、幾何等格格而不入，視數學爲畏途。對於音樂和繪畫，梁實秋雖有所愛好，並且均有涉獵（音樂方面曾入選「清華少年歌詠團」，繪畫上則在小學時即已臨摹過王石谷、惲南田等人的畫），但因種種原因，都半途而廢，無所大成。

三、親歷五四

一九一九年（民國八年）爆發的五四運動在中國現代史上是一次具有劃時代意義的愛國運動。這場由青年學生（特別是大學生）的愛國熱情引發的、帶有極爲深刻的文化底蘊的運動對中國知識份子、青年學生的影響是無與倫比的。

五四運動爆發時，梁實秋剛滿十八歲，風華正茂，幸逢其會。運動發生之時，因清華處在僻遠的郊外，音訊閉塞，未能在五月四日那天組織學生參加大規模的示威遊行。五日，清華各級學生骨幹召開會議，並通過決議，成立清華歷史上第一個自發性質的學生自治組織——清華學生代表團，領導全體學生參加全市學生聯合會組織的統一行動。

五四運動像一根導火線，點燃了青年學生心中蓄積已久且倍受壓抑的烈焰，對封建制度和舊思想的不滿情緒如火山爆發一般，噴湧而出，不可遏止。當時清華的學生領袖是高梁實秋三屆的陳長桐，其他如羅隆基、吳澤霖等也都是高等科的學生，在他們的帶領下，清華學生上演了「三趕校長」（前兩任被禮送出校，第三任未敢就職）的好戲。從此以後，清華舊有的各種傳統管理方式分崩離析了，學生自發形成的學生會組織成了學生生活的中心。當時清華的學生會組織相當健全，下分兩個部分，一爲評議會，屬決議機關；一爲幹事會，爲執行機關。評議會中的評議員是通過學生選舉產生的，梁實秋在清華的最後幾年，一直以評議員的身份參加評議工作。除此而外的梁實秋在五四時期的具體行爲，已無從詳知，從他回憶錄中所述及的對五四期間學生行爲的認識來看，可以推知，當時的梁實秋並不屬於激進的那一類。

五四運動對舊有的封建秩序和封建文化毫不留情的衝擊和破壞，對外國新思潮不遺餘力的引進和介紹，爲青年學生們打開了一扇眞正全新的看世界的窗口。在積極參加社會活動的同時，那個時代的青年人求新知，探索新世界、新人生的欲望表現得異常旺盛，一時間，西方各種思潮蜂擁而入，成爲青年學生們的關注熱點。與許多敏感的同學們一樣，這一時期的梁實秋求知欲表現得特別強烈，他的業餘時光幾乎全部都消磨在東安市場、勸業場和青雲閣等處的書攤旁，凡有新刊雜誌，必定購置。這一時期，他仔細閱讀過的書籍有：胡適的實驗主義、嘗試集、短篇小說集、中國哲學史，周作人的歐洲文學史、域外小說集，王星拱的科學方法論，潘家洵譯的易卜生戲劇，《少年中國》的叢書，共學社的叢書以及《晨報》叢書等。對當時名動一時的《新潮》、《新青年》等雜誌更是每期必讀。而西方的各種新思潮，也廣泛涉獵，相容並蓄。從進化論、互助論到資本論、安那其主義，從托爾斯泰、蕭伯納到羅素，柏格森到泰戈爾、王爾德，雖然「學力未充，自己並無堅定的見地」，但梁實秋還是自信由於「天生的性格」和「家庭的管教」，「尚能分辨出什麼是穩健的康莊大道，什麼是行險徼倖的邪惡小徑。」②令人感興趣的是此處他所用的兩個形容詞：「穩健」和「行險」。在各種新思潮、新思想的衝擊和蕩滌下，在社會現實面臨著重大變革的時候，每個人的思想傾向也往往就顯露無餘了。求穩重、避險急，正是梁實秋這樣出身于小康之家的人的共同心態。

此間發生的一件小事也許正驗證了梁實秋的這種思想傾向。五四以前，在幽深庭院中長大的梁實秋對「暴力」的認識更多的是來自於《水滸》這一類小說的文字描寫中；五四運動期間，群情激憤的青年學生們的所作所爲，第一次讓梁實秋體會到了「暴力」二字的眞正含義。在清華，梁實秋與當時被國人視作三大賣國賊之一的章宗祥的兒子同居一室，五四爆發後，這位章姓同學悄悄地溜走了，但許多同學仍不依不饒地湧進寢室，搗爛了他的床鋪，衣箱裏的東西也被翻得一片狼籍。對這件事，當時梁實秋的感覺是「反感」，「覺得不該這樣」。

梁實秋思想上的保守傾向，在此時已初露端倪。由此看來，梁實秋在日後接受「新人文主義」的理論主張以及對五四運動的保守評價也就不難理解了。

四、初涉文壇

清華對學生的管理是封閉式的，全體學生，不論遠近，全都住校。爲了豐富平時的業餘生活，同學之間根據不同的興趣愛好結成了很多社團。也許是因爲家教啓蒙的緣故，梁實秋在校期間表現出了多方面的興趣。音樂一科曾入選清華少年歌詠團，嗓音特高，小有天賦，但因教音樂的Seeley小姐半途回國，無人接替，且嗓音倒了之後再未能恢復，於是從此與音樂絕緣；繪畫老師也是美國人，平時教的都是炭畫、水彩畫之類，而梁實秋喜歡的是中國畫，所以繪畫之好也只好就此作罷。

音樂和繪畫方面的愛好均不能得以發展，梁實秋的興趣開始轉移到了書法上面。從幼年時起，因得了父親的時常鼓勵，加以小學時受了周士棻老師的引導，梁實秋本來對書法就有著濃厚的興趣，一直把寫字當作是一種享受。於是，梁實秋約了另外兩位同樣喜歡書法的同學——吳卓和張嘉鑄，一同組織了「清華戲墨社」，徵求同好，共同切磋，練習。每天早晨六點，天剛濛濛亮，梁實秋便與社中同學端坐于自修室中，磨筆伸紙，辛勤習練，如是者二年，不分寒暑，從不間斷。但不知何故，此項愛好也終未能持久，兩年後，社中成員便漸漸散去，不復前景。

也許是天意所爲，梁實秋最終還是選擇了文學的道路。五四時期，寫白話詩的風氣頗爲盛行，而年輕人因五四而起的奮激之情在心中留存，久久不能散盡，再加以青春年少，多愁善感。在這樣的背景下，像梁實秋這樣的年輕人傾情于吟詩作歌也就不足爲怪了。

初涉文壇的梁實秋愛上了寫詩吟詠，於是清華園中他最喜歡的去處——荷花池成了他誘發情思、寄情抒懷的第一個物件。一九一九年的秋天，他創作了他的第一首詩作《荷花池畔》。全詩共十三節，每節四行，現錄其中的幾段，以供讀者窺其一斑：

宇宙底一切，裏在昏茫茫的夜幕裏，
在黑暗底深邃裏氤氳著他底秘密。
人間落伍的我啊，乘大眾睡眠的時候，
獨在荷花池腋下的一座亭裏，運思遊意。

對岸傘形的孤松——被人間逼迫，
到藝術的山水畫裏去的孤松——
聳入天際，雖在黑暗裏失了他底輪廓，
但也盡夠樹叢頂線的參差錯落。

我的心，檀香似的焚著，越焚越熾了；

我從了理智底指導，覆蓋了一層木屑，——
心火燒得要爆了，也沒有一個人知道，
只騰冒著濃馥的煙，在空中嫋嫋。

不過是一株樹罷了，可是立在地上，
便伸臂張手的忘形的發育了；
不過是一條小溪啊，他自由的奔放，
盡性的在轂峽裏舞躍，坦途上飛跑，

爲什麼我底心啊，終久這樣的鬱著，
不能像火球似的烘烘烈烈的燃燒，——
卻只冒著濃馥的煙在空中旋繞？
爲什麼又有點燼火，溫著我底心窩？
……
但是薄情的春啊，瞟了一眼就去了！

撇下彷徨的心靈，流落在悲哀的霧裏。

在一九一九年新詩（白話詩）剛剛起步的時候，這首詩體現了梁實秋在文學上的才情。詩歌韻律及創意均有別致獨到之處，意象選擇以及對傳統詩歌表現手法的繼承和應用上也很有幾分圓熟，但傷春惜春式的情感抒發，不免令人有舊調重彈之感，而詩中包容了一切的濃郁浪漫的愁思則頗有點少年「強說愁」的意味，正如他後來自己的評價那樣，該詩只是「一團浪漫的憂鬱」而已。

梁實秋眞正的詩情湧發，是在他的朋友聞一多離開清華赴美留學的時候，多年兄弟般相處的知音，從此將不得不灑淚而別，天各一方，深厚的友情使離愁別緒變得格外熾烈，充沛誠摯的情感激發了梁實秋胸中難以阻遏的詩情，匯聚成自然渾成的詩意，汩汩而出，源源不斷。且看他寫在聞一多赴美前的一首《送一多遊美》：

牡丹謝了，早謝了，
留下許多雞爪子的種子，
綴在綠肥的枝頂上。
荷錢還稀得很呢，
三三兩兩的在池邊聚著，

也不知喁喁的商量些什麼？
唉！什麼是餞送的饋禮呢？
又誰是餞送的主人呢？

東方的魂喲！
雍容溫厚的東方的魂喲！
不在檀香爐上嫋嫋的香煙裏了，
虔禱的人們膜拜些什麼啊？
東方的魂喲！
通靈潔徹的東方的魂喲！
不在幽篁的疏影裏了，
虔禱的人們供奉著寫些什麼啊！
遺棄的骷髏啊！
優美的屍身啊！
東方的魂喲！

終於像斷了線的鳶，
漂到迢迢遙遙的雲階上了嗎？
唉！詩人早一把擎著線端，
立在雲端，歡喜的
降著了。

朋友啊！
海洋裏的熏風，
將把「紅燭」的光焰更搧亮些罷？
你就秉著燃燒的「紅燭」，
昂然駛進西方海岸的灣港罷！

朋友啊！
謝了的牡丹，
錢大的荷蓋……

在這冷清的黃昏，
只是這些饋禮了！
但在失了魂的人們裏，
誰又是餞客的主人呢？③

情感的自然流露融聚成豐厚的詩意，在不無克制的字裏行間，籠罩著一層深深的淒傷感慨，更深邃，更富於詩歌的魅力了。而在另一首《答一多》的詩裏，詩人的藝術手法似乎變得更為圓熟深刻了——

……

我是人間逼迫走的逃囚，
我把荷花池作了逋藪；
那裏准我恣情的唱了，
卻只是聽著自己的歌聲，——
無歸宿的孤聲啊！
借了Capid的小弩；
怎奈那持滿待發的箭啊！

又雕著罪人的名字，
反將宣示了我的藏處！
……

與程季淑相識戀愛之後，在愛情滋潤下的梁實秋更是詩情勃發，寫下了許多情詩。在墮入愛河的人的眼裏，戀人的一顰一笑，一舉一動，似乎都是一首詩，都能撥動他那敏感異常的心弦。

「吾愛啊！
你怎又推薦那孤單的枕兒，
伴我眠，偎著我的臉？」
醒後的悲哀啊！
夢裏的甜蜜啊！
我怨雀兒，
雀兒還在簷下蜷伏著呢！
他不能喚我醒——

他怎肯拋了他的甜夢呢？

「吾愛啊！
對這得而復失饋禮，
我將怎樣的怨艾呢？
對著飄渺濃甜的記憶，
我將怎樣的咀嚼喲！」

孤零零的枕兒啊！
想著夢裏的她，
捨不得不偎著你；
她的臉兒是我的花，
我把淚來澆你！

（《夢後》）

細膩的情感化作穠麗的筆法，編織著一個個哀怨多情的夢一般的意境，在相思的煎熬中獨自享受著愛情的甜蜜，但過於輕柔的格調，使這些情詩失去了以往詩歌的厚重感，難免浮游之氣，有濫情的嫌疑。

梁實秋的新詩創作集中在五四以後的三、四年間，在這一段時間裏，他陸續創作了數十首新詩，曾於一九二三年春結集，交由上海泰東書局出版，但不知何故，這本集子一直沒有面市，所以，梁實秋的新詩作品有很多成了軼詩。

雖然有這麼多的詩作，但詩意的流動，講究的是詩人內心深處充沛豐盈的情感積蓄，發心中所不能不發者，而梁實秋的天性中似乎缺乏這樣的素質。當時聞一多在評論詩歌的創作時，對詩人所應有的素質曾有這樣的論述：

詩人的胸中底感觸，雖到發酵底時候，也不可輕易放出，以使他熱度膨脹，自己爆裂了，流火噴石，興雲致雨，如同火山一樣——必須這樣，才有驚心動魄的作品。④

這段話雖不是專對梁實秋的詩歌作品而發的，但卻恰好點中了梁實秋作爲詩人的弱點所在。這樣如流火噴石、火山爆發般的激情，正是梁實秋的性情中所缺失的，他思想中極強悍的理智力量制囿著他，使他很難擁有像郭沫若那樣俯擁大地的熾烈情感，也不會有徐志摩式的無拘無束、天廣地闊的遐思遙想，一旦能煽動他情感的具體情境消失了，復歸的理性因素便成了梁實秋成爲一個傑出詩人的障礙，隨著時光的流逝，隨著他文藝思想中以「新人文主義」

爲核心的、以推崇理性爲表徵的「人性觀」的確立，梁實秋離詩歌越行越遠。五四運動和青春年少所激發起來的熱情和浪漫情緒，終不足以支撐起梁實秋一生的詩情，詩人的梁實秋只能是暫時的，不會是永遠的。

五、清華文學社

五四時期的梁實秋，對文學表現了極濃厚的興趣，美侖美奂的文學殿堂像一塊威力巨大的磁鐵深深地吸附著他年青的心。初登文壇的梁實秋在沈湎於新詩創作的同時，也開始了文學評論的寫作。一九二〇年秋天，梁實秋與顧毓琇、張忠紱、翟恒等人，一起發起成立了「小說研究社」，並在校慶日之前共同趕譯了一本《短篇小說作法》。這雖是「一本沒有什麼價值的書」，但初版印製發行的一千多本竟然全部售出，更是激發了梁實秋對文學的極大興趣。

對文學的愛好，使梁實秋結交了許多朋友，大概就是在這一時期，他結識了同樣熱衷於詩歌創作的聞一多。五四時期的聞一多是清華校園中的活躍分子，五四運動中，曾當選清華學生代表團成員，參加過全國學聯大會，此時已開始在詩壇上展露頭角，公開發表過數篇詩作。聞一多本該在一九二〇年畢業，但因入清華前沒有學過英語，在中等科時留了一級，後又因抗議學校當局對學生的無理迫害，參加罷考，直至一九二三年才畢業赴美。在當時的清華園中，聞一多是文學愛好者公認的「大哥」，他的影響和號召力，遠非梁實秋這些「後生小輩」們所能比擬。因此，結識聞一多後不久，一九二一年十一月，在聞一多的提議下，將「小說研究社」更名爲「清華文學社」，同時增添了不少新會員，其中不乏日後在中國文壇上頗具影響力的人物，如馮至、孫大雨、饒孟侃等人。在成立大會上，聞一多被推舉爲「清華文學社」第一任書記，梁實秋爲幹事。

「清華文學社」的成立，使聞、梁二人的接觸變得頻繁起來，對新詩創作的共同興趣，使他們的關係更加密切。他們一起寫詩、評詩，朝夕觀摩，共同切磋，樂此不疲，一時過從甚密，成爲摯友。

「清華文學社」成立後不久，聞一多和梁實秋在創作詩歌作品的同時，開始了對詩歌理論的研究。草創時期的白話詩創作及理論主張，表現了對古典詩歌極大的反叛性，不講韻律，俗語入詩，在對傳統詩歌創作理念形成了決定性突破的同時，也帶來了許多負面的影響，雖有一九二一年郭沫若《女神》這樣影響巨大的新詩集的出現，但從總體上說，新詩的創作情況並不樂觀。聞、梁二人結合自己的新詩創作經驗，對當時影響甚廣的胡適、俞平伯等人的詩歌主張很不滿意，微詞頗多。特別是對俞平伯《冬夜》和康白情的《草兒》中的

「被窩暖暖的，人兒遠遠的，我怎不想起人兒遠呢？」、「旗呀，旗呀，紅、黃、藍、白、黑的旗呀！」以及「如廁是早起後第一件大事」這樣的詩句很不以爲然，認爲它們俗惡不堪，失缺了詩意。在新詩集中，倒是對《女神》的評價最高。

基於這樣的看法，聞一多撰寫了一篇很長的評論文章——《冬夜評論》，並由梁實秋寄給了當時在國內影響很大的副刊雜誌——北京《晨報》副刊（當時擔任《晨報》副刊主編的是孫伏園）。但結果卻令他們很失望：稿件寄出後竟如泥牛入海，杳無音信。幸虧留有底稿，聞、梁二人決定自行刊印，由梁實秋另寫了一篇《草兒評論》，合集爲《冬夜草兒評論》，薄薄的只有一百多頁，由梁實秋的父親出資印刷並出版。此書問世後，反響寥落。其一是在當時由胡適擔任主編的《努力周報》上發表的一篇署名爲「哈」的短評，內容無外冷嘲熱諷之類；另一反應是來自創造社主將——當時尚旅居東京的郭沫若，他對此書觀點極爲欣賞，來信稱讚此書「像是在暑夏吃了一杯霜淇淋」。梁實秋在後來的回憶文章中稱這是因爲「聞一多對於《女神》著實恭維了一番，所以才有此投桃報李的一舉」。這種說法也許自有其原因，但當時創造社的文學主張是提倡「爲藝術而藝術」的，雙方在藝術觀上的一致可能才是郭沫若激賞其作的主要原因。由於這一機緣，梁實秋得以認識了早期創造社的許多成員，並與他們有了一段短暫但並不疏遠的交往。

在梁實秋的一生中，專門評述詩歌創作的論文並不多，除了《草兒評論》外，還有一篇寫於一九二三年的《讀〈詩底進化的還原論〉》（發表在《晨報副鐫》一九二二年五月二十七至二十九日），篇幅不長，卻較爲全面地反映了梁實秋對於詩歌創作的觀點，從中我們也能看到梁實秋早期的文學觀的某些特點。在這些文章中，梁實秋著重強調了詩歌的內在蘊涵，突出了詩歌的藝術至上性，重情斥理，強調「美」是「藝術品所追求的」，「藝術的美」是濾清一切情感及詩歌內涵的「極則」，「詩歌的主要職務是在抒情，而不在說理」，冷峻的說理「適合足以減少詩的情的成分」，成爲「各個神聖分子的謀殺者」。他明確地向世人宣稱，「藝術是爲藝術而存在的；詩是爲詩而寫的。」「他的鵠的只是美。」持著這種尺規，他對康白情的詩集《草兒》加以審查，得出的結論是其中「只有一半算得是詩，其餘一半眞算不得是詩」。其根據就是因爲《草兒》中的許多作品「情感太薄弱，想像太膚淺」，失去了詩的藝術美。這樣的藝術標準，貫穿了梁實秋這一時期論詩、評詩的始終。在稍後的日子裏，他還寫過《「繁星」與「春水」》，對冰心的詩歌創作加以評述。他認爲，冰心是一位很有天賦的作家，但她的才情只限於小說，詩歌方面則「沒有顯露過什麼將要成功的徵兆」，像《繁星》和《春水》這樣的詩「在詩國裏面終歸不能登大雅之堂」。究其原因，他以爲這是因爲冰心「表現力強而想像力弱」、「散文優而韻文技術拙」、「理智富而情感分子薄」

的局限造成的。在梁實秋看來，冰心不是一個情感豐富的詩人，只是一個受泰戈爾小詩影響較深的冷雋的說理者，「而沒有情感的不是詩，不富情感的不是好詩；沒有情感的不是人，不富情感的不是詩人。概念詩是做不得的」。不難看出，在此時的梁實秋的文學觀裏，在理智與情感的天平上，梁實秋是偏向於後者的。時代和年齡的原因，使內心深處被激發出來的勃勃英氣暫時遮掩了思想中的理智成分，使梁實秋的文學觀中包孕著一種強烈的唯美主義和情感至上主義的傾向。不可否認的是，相對于胡適等人所宣傳的「工具革命」來說，梁實秋重內涵、求詩情、追求詩歌藝術性的藝術主張，更符合新詩發展的內在規律，雖然在當時的詩壇上並沒有產生巨大的反響，但應該說確實爲中國新詩理論的建構提供了一種良可珍惜的建議。但在詩評中對冰心作品的評價明顯有其武斷之處，準確地說，冰心的詩裏並不是沒有情感的因數，只是此時的梁實秋無法（或許是性別的差異，或許是年齡的原因）深味冰心小詩在冷雋的面孔下所包孕的情愫罷了。

在這一段時間裏，梁實秋還創作了一部分散文作品，一是根據一九二二年暑假期間送母親回杭州時的見聞所寫的《南遊雜記》，還有一篇《清華的環境》，均發表在當時的《清華周刊》上。

爲了開拓社員們的視野，增長見識，「清華文學社」除了經常組織社內的一些研討活動之外，有時也會邀請一些當時文壇上的名流到校內作講座。因爲在社內擔任幹事一職，具體的邀約事宜主要由梁實秋承擔。在梁實秋的記憶裏，先後接受過邀請的有梁啓超、周作人、胡適和徐志摩（其中胡適沒有開講座，只爲他們開過書單），對梁、周、胡三位巨匠的大家風範，梁實秋自是傾慕不已，而徐志摩英俊瀟灑、才華橫逸的風度也給梁實秋留下了極深的印象。其中胡適和徐志摩兩人在二十年代末與梁實秋交往甚密，對他有較大影響。

差不多也是在這一時期，梁實秋開始了與「學衡派」的接觸，先是以通信的方式，梁實秋認識了當時在南京高師任教的胡夢華，隨後經胡夢華介紹，又先後結識了吳宓、梅光迪、胡先驌等人。對於以守舊著稱的「學衡派」，梁實秋是有著「一點同情的」，「並不想把他們一筆抹煞。」

一九二三年聞一多赴美之後，梁實秋和吳景超成爲「清華文學社」的骨幹，其間人事變動，有進有出，但梁實秋卻以一如既往的執著精神，堅守著這塊澆灌了自己的心血和汗水的文學陣地，直至一九二三年畢業爲止。可以說，作爲文人的梁實秋是從「清華文學社」中走出來的。

六、初戀時光

在梁實秋的記憶裏，在清華的日子是他一生中最難忘的，其中的原因不僅僅因爲他在這裏初露鋒芒，走上了他一生中賴以安身立命的文學之路，還因爲在這段時光裏，他認識了日後與他相濡以沫、陪伴他走過大半人生的伴侶——程季淑。

程家原籍安徽績溪，爲當地一大姓家族，程季淑的祖父早年隨經商的伯父旅居京師，曾任清直隸省大名府知府。程季淑的父親爲家中長子，因爲身負供給全家老小衣食之重任，犧牲了自己讀書求仕的理想，在京城開設了一家毛墨店——程五峰齋。後因科舉廢除，筆墨店生意逐漸蕭條，程五峰齋終於不免倒閉的命運。後來程父隻身闖蕩關外，不久歿於客中，此時程季淑年方九歲。程季淑的祖父理家甚嚴，且脾氣暴躁，母女二人在程府之中飽嘗辛酸，程季淑也因此養成了很強的獨立品格，從小學到中學直至升入國立北京女子師範學校，幾乎都是憑藉自己的努力奮鬥而完成的。一九二一年六月，程季淑從女高師畢業，不久在女子職業中學謀得一個職位，離開了程家，開始了自己完全自立的生活。

「娶妻如何，匪媒不得。」梁、程兩人相識的開始很有些傳統的意味。一九二一年的某個周末，從學校歸來的梁實秋在父親書桌的信兜裏發現了一張紅紙條，上面用恭楷寫著程季淑的姓名、籍貫和出生年月。看著紙條上的字，情竇初開的梁實秋不禁怦然心動，忙去向大姐打聽詳情，方才得知大姐已陪母親去相過親，而且對程季淑的印象極好。

梁、程二人的媒人是程季淑的一位摯友——黃淑貞。黃淑貞的父親黃運興與梁父梁咸熙曾同在京師警察廳任職，關係極好，爲金蘭之交，當初梁實秋投考清華也是黃運興的主意。可能是黃淑貞感覺梁、程二人很般配，於是就請她的母親去梁家說媒，梁家母女相親的地點就是在黃家。

此時五四運動剛過去兩年，接受了新式教育的梁實秋並不滿意這種由家庭包辦的婚姻形式，思慮良久，梁實秋決定自己寫信，直接問程季淑是否願意交朋友。但信寄出後卻無回音，就在失望已極的梁實秋決定放棄的時候，一位不知名的熱心朋友（應該是黃淑貞）的來信給了他追尋愛情的勇氣，按照信中的指示，梁實秋大著膽子，給這位夙未謀面的程小姐打了一個電話……

這一年冬天的一個星期六的下午，梁實秋穿著一件漿洗整潔的藍呢大袍，胸前佩帶著清華的校徽，蹬一雙棕色皮鞋——一副學生的打扮，坐車來到女子職業學校的會客室，等候著與程季淑的初次會面。這次見面給梁實秋留下了很深的印象，直至五十餘年後程季淑去世、梁實秋爲紀念她而寫《槐園夢憶》的時候，當時的情景仍鮮活地存於腦海之中，歷歷在目：

季淑確是有一頭烏髮，如我大姐所說，髮髻貼在腦後，又圓又凸，而又亮晶晶的，一個松松泡泡的發篷覆在額前。……她的臉上沒有一點脂粉，完全本來面目……季淑穿的是一件灰藍色的棉襖，一條黑裙子，長抵膝頭……穿著一雙黑絨面的棉毛窩，上面鑿了許多孔，系著黑帶子，又暖又舒服的樣子。衣服、裙子、毛窩，顯然全是自己縫製的。她是百分之百的一個樸素的女學生。⑤

初次會面短暫而美好，就如那間因飽吸了冬日的陽光而變得溫暖如春的小屋中的環境一樣，短短半個小時的見面，在這一對年輕人的心海裏蕩起了層層溫馨的波痕，他們的人生便由這「一見鍾情」式的會晤揭開了全新的一頁。

梁實秋與程季淑相識後，成了清華學生中令人豔羨的「主日派」，每逢周日便衣冠楚楚，精神抖擻地進城去赴約會。雖然經歷了五四大潮的洗禮，那時的北京還是以守舊派居多，所以青年男女在公共場合的聚會也並非是一種無拘無束的享受，不僅要聽那些來自身後刺耳的口哨聲，還得忍受身邊那些不吹口哨的人們投來的驚異的目光。在家中的情形也好不了多少。程家是個大家族，人多口雜，按舊時的風俗，一個二十歲的年輕姑娘與男子每周約會是駭人聽聞的事，所以程家是絕不敢去的，甚至連寄信都不行。但程季淑的母親愛女心切，不但沒有責備他們，反而殷殷垂詢，加以鼓勵，同時也告誡程季淑要慎重，千萬別讓她的叔父們知道。梁家要開明一些，並不守舊，特別是梁實秋的父親。有一次，梁實秋與程季淑、黃淑貞三個人在公園的茶座裏休息，恰好碰到父親和幾位朋友也在座，梁咸熙主動過來打了招呼後，還代他們付了茶資。從此，梁咸熙經常拿錢給梁實秋，額外資助他，他知道兒子此時正是需要錢的時候，天下父母的慈愛之心，悠悠可見！但即便是這樣，梁家也沒有豁達到可以公開容忍他們交往的地步。

家中不能去，梁實秋與程季淑的約會去處只能是公園之類的公共場所。兩年間，他們的足跡踏遍了中央公園、北海、太廟……金鼇玉蝀的橋不知走了多少次，環境幽雅的五龍亭也深深地嵌進了他們浪漫的身影；在太廟裏相依著看灰鶴時起時落，手挽著手在公園的林蔭道上彳亍而行。中央公園裏的四宜軒是他們常往的去處，正是在那裏，在一個風雪交加的冬日裏，他們第一次坦白了彼此的愛意。雖然在當時的形勢下，這樣的歡娛只能是片刻短暫的，但它們所帶來的溫馨，卻是初戀的情人們無論如何也品嘗不盡的。

甜蜜的愛情又一次激發起梁實秋詩歌創作的衝動，在他的眼裏，情人的每一舉動，每一句話，都是那麼令人心醉，令人珍愛，都充滿了無限的詩情畫意，情思纏綿，惟有訴諸筆端。在這期間，梁實秋寫了許多首情詩，可惜大部分詩稿均已遺失，不復可見。他自己在回憶錄裏摘引過一首《答贈絲帕的女郎》，讀之也許可以想見梁實秋當年的心境：

吾愛，

你遺我的絲帕，

已又析成絲——
絲絲的將我縛著！

芳澤
柔膩，
全憑縷縷的絲端尋著！
愛情的使者，——
絲帕！

那斑斕的痕跡，
是我的淚痕
還是你的？
早片片的綜錯吻合了，
又何須辨識！

吾愛！
我要寄回你的絲帕，
讓他滿載著香吻，回來，
重新把我的唇兒溫過！
……
怕上怎有這般香氣
沁人鼻脾？
不是花香，
不是露香，
是吾愛遺下的呼息，
……

歡樂的時光似乎更容易飛逝不覺，兩年的光陰轉瞬即逝。一九二三年（民國十二年）的夏天到了，畢業典禮在六月舉行，八月就要放洋留美。也許是因爲從未遠離家門，也許是因爲不忍離開正在熱戀中的情人，年輕的梁實秋一直視留美爲畏途。在猶豫徘徊之中，最後還是頗有主見的程季淑給了梁實秋極大的勇氣，幫助他打消了留下的念頭。剛剛走出清華校門的梁實秋，又將踏上遠赴海外的旅程。臨行前，程季淑投其所好，親手爲梁實秋繡了一幅「平湖秋月圖」，小小的一幅，但針針線線，編織進了她對梁實秋的一片愛心。此幅繡畫被梁實秋帶至美國懸於室中，一生珍愛，直至半個世紀以後，在臺灣梁實秋的居室內，仍可見到這幅早已褪色的繡品。離別前的最後一次約會，梁實秋送給程季淑一只手錶。把舊的解下，親手給她戴上新錶，「多情自古傷離別」，古人的這句名言，仿佛是專爲此時的梁實秋寫的。當日的離別情景，早已隨著光陰的流逝而煙消雲散，但梁實秋離開中國之前，在上海寫的一篇題爲《淒風苦雨》的散文，卻眞實地記錄下了當時的情形：

雨住了。園裏的景象異常清新，玳瑁的樹枝綴著翡翠的樹葉，荷池的水像油似的靜止，雪氅黃喙的鴨子成群的叫。我們緩步走出水榭，一陣土濕的香氣撲鼻；沿著池邊小徑走上兩旁的甬道。園裏還是冷清清的，天上的烏雲，還在互相追逐著。

……

我們從影戲院出來的時候，濛濛細雨又在落著，園裏的電燈全亮了起來了，照得雨濕的地上閃閃發光。遠遠的聽到鐘樓的當當的聲音，似斷似續的波送過來，只覺得淒涼黯淡……。我扶著她緩緩的步入餐館。疏細的雨點——是天公的淚滴，灑在我們身上。

她平時是不飲酒的，這天晚上卻斟滿了一盞紅葡萄酒，舉起杯來低聲的說：

「祝你一帆風順，請盡這一杯！」

我已經淚珠盈睫了，無言的我舉起我的一杯，相對一飲而盡。餐館的侍者捧著盤子在旁邊詫異的望著我們。

淒風苦雨，天公也為之淚滴；「一帆風順」，這是愛人的祝福。此情此景，此言此語，深深地印在了此後三年天各一方的每一個日子裏。

【附註】

①一九〇一年，清政府被迫與英、俄、德、法、美、日、意、奧及比利時、荷蘭、西班牙等十一國簽訂《辛丑合約》，向各國賠償白銀共九點八億兩，史稱庚子賠款。

②梁實秋《秋室雜憶》。

③載《清華周刊》第十一次增刊。

④《評本學年〈周刊〉裏的新詩》，《清華周刊》第七次增刊，一九二二年六月。

⑤梁實秋：《槐園夢憶》。

第三章　放洋留美

一、《海嘯》

一九二三年（民國十二年）八月，梁實秋告別了家人和程季淑，孤身一人轉道上海，踏上了赴美留學的旅途。在上海，梁實秋有機會拜謁了郭沫若等創造社的各位同人，作短暫歡聚，上文所說的《淒風苦雨》一篇便是應他們之邀，作於上海，後發表在《創造周報》第十五號上（一九二三年八月）。

八月末，梁實秋與清華一九二三級的同學六十多人在上海浦東登上了傑克遜總統號客輪。解纜起航了，船上的人托著船欄，目送著岸上送行的人群漸遠漸小，第一次離開生養自己的祖國，遠赴他鄉，心中的酸楚之感可想而知，船上的小樂隊奏起了淒傷的樂曲，更增添了幾分黯然悲涼的氣氛。也許是心中的悲苦到了極點的緣故，飽噙的淚水反而沒有了，人人臉上都露出了木然的神情。

船上除了清華的一批人之外，還有三位燕京大學畢業的學生：許地山、謝冰瑩（冰心）和一位姓陶的女士。其中許、謝二人此時早有著作行世，許地山的《無法投遞的信件》、《綴網勞蛛》，冰心的《超人》、《繁星》、《春水》等作品早已膾炙人口，評論者也不少，均是文壇上風靡一時、風頭正健的人物。許地山當時年屆三十，蓬鬆著頭髮，凸出的大眼睛，留著一小撮山羊鬍子，未開口先是格格地笑，為人敦厚且極風趣，給梁實秋的印象頗佳；而冰心則不是一個令人容易親近的人，「冷冷的好像要拒人於千里之外。」可能是梁實秋剛在《繁星與春水》一文(一九二三年七月二十九日)中批評過冰心的緣故，二人經許地山介紹相識，一陣寒暄之後，梁實秋問：「您到美國修習什麼？」「文學。」「您修習什麼？」「文學批評。」接下去便談不下去了。二人的初次見面便在這不無隔膜的冷清場面中草草收場了。

海上的航程總是很枯燥。船艙、甲板，留給人們活動的空間並不太多，海天一片，除了不住的濤聲和海鷗的鳴叫聲，陪伴人們的只有大海上難耐的寂靜。平日裏被人們視為壯闊輝煌的日落日出，似乎也變得平淡了許多，而「海上升明月」的美景則更不是為這些拋鄉別土、遠赴他國的海上航行者們而設的。故國、家鄉、親朋、戀人……以前所擁有的許多樂趣都隨著行船漸漸遠去了，留下的只有悵惘和思念，於是，鄉愁和寂寞把人們拉到了一起。由於共同的愛好，許地山、梁實秋、冰心、顧一樵等幾個熱愛文學的人經常聚在一塊，海闊天空地閒聊。不知是誰提議，出一份壁報，三天一換，張貼在輪船客廳的入口處，內容上創作與翻譯並蓄，以十張稿紙爲限，報名定爲《海嘯》。

說幹就幹，大家回去後便動起手來，出了若干期，竟聚得數十篇，他們從中檢出十四篇，其中梁實秋五篇、許地山四篇、冰心三篇、顧一樵二篇，收藏起來，後來寄交《小說月報》，發表在該雜誌第十四卷第十一號的一個專欄上。

《海嘯》的題首詩出自梁實秋之手，題目也是《海嘯》：

一輪旭日徐徐地從海邊升起，
鯉魚鱗似的波光遠遠地在跳動。
在這鮮豔的天海——慈祥的空氣，
有幾聲輕銳的海嘯，你試靜聽：
「醒喲！失群的孤禽，離家的遊子！」
對月出神的騷士！你想些什麼？
可是眷念著錦繡河山的祖國？
若是懷想著遠道相思的情侶，——
明月有圓有缺，海潮有漲有落，

請在這海上的月夜，把你的詩心捧出來，
投入這水晶般通徹玲瓏的無邊天海！

雖有徵集鼓動的意味，卻是用詩的言語寫成的，沈穩而開闊，充溢的詩情中透著梁實秋詩作裏難得見到的大氣，——也許此刻的梁實秋才處於做詩的最佳狀態。

一九二三年九月一日，船至美國西雅圖。棄船登岸後，大部分人乘上東去的列車，奔赴前程。梁實秋與幾個預備去科羅拉多泉的同學暫寓於青年會宿舍，另行候車。第一次踏上異國的土地，方才眞切地感受到離鄉背井的酸楚滋味兒：滿街都是金髮碧眼的白人，見不到一個黃臉的中國人。看著眼前的情景，禁不住哀從中來，一股淒涼的感受自心底油然而生。好在逗留的時間並不長，夜半時分便登車南下。車過夏安（Ceyenne 懷俄明洲首府），下車用餐。在餐館櫃檯的後面，他們見到了在美國碰到的第一個黃皮膚的老者。待梁實秋他們用完了餐，那個老者從櫃檯後踱過來，從耳朵上取下一支鉛筆，在一張報紙的邊上寫道：

「唐人自何處來？」

梁實秋接過鉛筆，寫道：

「自中國來。」

老者瞪大了眼睛，臉上泛起一絲笑容。繼續寫道：「來此何爲？」

「讀書。」

老者眼睛瞪得更大了，收斂起笑容，嚴肅地翹起了大拇指，然後重又踱回到櫃檯後面的座位上。梁實秋他們離開時，老者免去了他們的餐費，並送了他們每人一支雪茄，只說了一句話：「統統是唐人呀！」

是啊，都是唐人啊！只需要一番筆語、一句話，便可道盡彼此間親密無間的感受。這位不知名的老者應該感到欣慰，也許他永遠也想像不出，他的一句話給了這群遠離故土的年輕人帶來了多少安慰的溫暖和前行的勇氣。

二、他鄉故知——在珂泉的日子

九月三日，梁實秋抵達科羅拉多溫泉（Colorado springs簡稱珂泉），此鎮地處落磯山脈，氣候涼爽，風景宜人，有一個規模不大的大學，只有幾百個學生，但卻屬於哈佛大學承認的西部七個小大學之一。甫一抵達，梁實秋就給在芝加哥的聞一多去了一封信，寄去了十二張珂泉風景畫片，並附帶逗趣地在信上寫上了一句：「你看看這個地方，比芝加哥如何？」大出梁實秋意外的是，沒過幾天，聞一多便一聲不吭地提著一個小皮箱，悄悄地來到了珂泉。

聞一多來珂泉，並非出於迷戀珂泉的青山秀水，實在是由於寂寞難耐。他先梁實秋一年到美國，進芝加哥美術學院研習西方繪畫，但他對文學的興趣遠遠超過了繪畫，他在一九二三年二月十五日給梁實秋的信中這樣寫道：「我想再在美住一年就回家。我日漸覺得我不應該作一個西方的畫家，無論我有多少的天才……我若有所創作，定不在純粹的西畫裏。」藝術追求上的失落，加上身處異鄉，使他變得落落寡歡，生活中也沒有幾個朋友，對芝加哥這樣缺乏人情味的現代化大都市更是充滿了憎厭的情緒，與周圍的環境格格不入，思鄉之情日重，變成了一隻眞正的孤雁。創作於此時的《孤雁》一詩明晰地描畫出了他此刻的心境：

呵！那裏是蒼鷹的領土——
那鷙悍的霸王呵！
它的銳利的指爪，
已撕破了自然的面目。
建築起財力的窠巢。
那裏只有銅筋鐵骨的機械，
喝醉了弱者的鮮血，
吐出寫罪惡的黑煙，

塗汙我太空，閉熄了日月。
教你飛來不知方向，
息去又沒地藏身呵！

孤寂和多餘的感覺幾乎要把他逼迫得瘋狂，迫切地需要感情寄託的情狀在詩中一覽無餘，梁實秋的來到正可謂「雪中送炭」。

聞一多到了珂泉之後，與梁實秋同住在當地一個報館排字工人米契爾的家裏。按照事先的接洽，梁實秋進入英語系四年級，而聞一多只能入藝術系爲特別生，原因是耿直的聞一多不願補修數學方面的兩門課程。除了各自的課程之外，二人還相互兼修了有共同愛好的課程，梁實秋選修的是美術史，而聞一多對詩歌的興趣很大，選修了「丁尼孫與伯朗甯」和「現代英美詩」兩門課。教授詩歌的Dealer先生雖沒有什麼名氣，亦非能說善道之輩，但對詩歌研究有獨到的見解，聞、梁二人跟著他學到了許多詩歌方面的基礎知識。在珂泉的一年，他們一起上課，一同研討，辛勤的努力使他們收益甚多。特別是對聞一多來說，收穫更大，一方面助長和堅定了他對文學的濃厚興趣，另一方面對於英文詩歌，尤其是近代詩學有了更爲系統的掌握，如果說先前在詩歌創作上還更多的是憑藉激情和感覺的話，此後的聞一多對現代詩歌的本質有了更爲深刻的認識，爲其回國後成爲在新詩實踐和理論上均有所建樹的大詩人打下了堅實的基礎。

在專心于學業的同時，聞、梁二人也沒有忘記能夠怡情悅性的山水之遊，常常結伴而行，共享遊興。珂泉地處落磯山脈派克斯峰之麓，景致頗佳，山水名勝也自不少，派克斯峰（Pikes Peak）、仙園（The Garden of Gods）、曼尼圖山（Mt.Maniton）、七折瀑(Seven Falls）、風洞（Cave of Winds）等處均留下了他們的足跡。有一次梁實秋驅車陪聞一多去仙園寫生，途中發生意外，汽車順坡急下，幸有兩棵巨松遮阻，方免妄送性命。

在珂泉的一年，有良友相伴，爲梁實秋掃淡了許多留學生經歷過的遠離故土的寂寥之情，但身處美國這樣發達的資本主義國家，因種族歧視而帶來的民族感情遭受到的侮辱，卻成爲衆多具有愛國心的留學生們心頭難以釋解的陰影。珂泉雖是小地方，鎮上的大多數居民對中國留學生也很友善，但這樣的事情仍時有發生。與聞一多同年赴美的陳長桐便在珂泉遇到過這樣的事情。有一次，陳長桐去理髮館理髮，在椅子上等了半天竟沒人理他，最後，有一個理髮匠慢悠悠地走至他面前，告訴他：「我們不伺候中國人！」陳長桐爲此事告到了法院，結果官司以陳長桐的勝訴而告終。但事後，那位理髮匠在道歉的同時，很誠懇地對他說：「下回你要理髮請通知一聲，我帶了工具到你府上來，請千萬別再到我店裏來！」因爲有黃種人進店理髮，很多白人便不再光顧了。

聞、梁二人在珂泉的時候，也碰到過類似的事情。當時學校裏有一份學生主辦的周報，有一次上面刊出了一首一位美國學生寫的詩歌，題目是The Sphinx，內容是說中國人的面孔很像埃及獅身人面的怪物，整天板著臉，毫無表情，不知心裏在想著些什麼。雖然在梁實秋看來，這首詩似乎講的是實情，並沒有侮辱的意味，頂多是挑釁，但強烈的民族自尊心還是使他們無法做到視若無睹，於是聞、梁二人各作一詩，用以回應這一挑戰，其中聞一多的詩「分量比較重」，且因「功力雄厚，辭藻豐贍」，不能不使那些美國小子們歎服。

聞一多是位很敏感的人，五四學生運動時就是清華學生中的一員闖將，旅居美國後飽經了屈侮和欺凌的遭際，強烈的刺激使他的情緒變得更加激烈，內心中充滿了憤恨。他在一九二三年十一月二十八日的家信中有這樣一段話：「……且美利堅非我能久留之地也。一個有思想之中國青年留居美國之滋味，非筆墨所能形容。俟後年年底我歸家度歲與家人圍爐絮談，痛哭流涕，以洩余之積憤。」思家而不得，愛國卻不能，聞一多只好把他的情感更多地投注到他所熱愛的詩歌裏，《洗衣歌》便是這類作品的代表作：

（一件，兩件，三件）

洗衣要洗乾淨！

（四件，五件，六件）

熨衣要熨得平！

……

你說你洗衣的買賣太下賤，
肯下賤的只有唐人不成？
你們的牧師他告訴我說：
耶穌的爸爸做木匠出身，
你信不信？你信不信？

……

我洗得乾淨悲哀的濕手帕，
我洗得乾淨罪惡的黑汗衣，
貪心的油膩和欲火的灰，
你們家裏一切的髒東西，
交給我——洗，交給我——洗。

……

悲愴與激憤情不自禁地流諸筆端，溢於言表，憎恨和憤懣猶如翻騰難抑的岩漿，灼燒著詩人痛苦不堪的心靈。

此時的梁實秋也有憤怒，但他似乎並沒有聞一多那種憤不可抑的激情，也沒有把這種感情訴諸筆端的衝動，而是把它更多地轉變爲一種理智冷靜的思考：「一個人或一個國家，在失掉自己的時候才最能知道自由之可貴，在得到不平等待遇的時候才最能體會平等之重要。」①從這些事中，我們不難看出這兩位摯友在個性及處世的態度方式上的不同之處，日後二人的分道揚鑣不能說與之沒有關係。

美國人心中的那種優越感畢竟不是僅憑一兩首詩便可驅散得了的，在珂泉大學舉行畢業典禮的那一天，這一幕重又上演了。按慣例，畢業生需一男一女排成一雙一雙的縱隊領取畢業文憑，但當時卻沒有一個美國女生願意與中國留學生排在一起，梁實秋等六個中國留學生只能自行排成三對走在隊伍的最前端。此情此景，當事人的心情可想而知，聞一多雖不在其中，但這一幕使他那早已受了傷的心上又多了一處新的傷痕。

一九二四年的夏天，在珂泉大學求學的生活結束了，梁實秋將去哈佛，聞一多去紐約，兩位情同手足的摯友又將分手。臨別前，聞一多把自己最喜歡的霍斯曼詩集和葉芒詩集送給了梁實秋，梁實秋回贈了一具琺瑯香爐，是北平老楊天利精製的——他知道聞一多喜歡那種「焚香默坐」的境界。

三、轉赴哈佛

離開珂泉後，梁實秋與聞一多結伴而行，途經芝加哥時，作短暫停留，因爲在那裏有一個預定的約會。

在清華畢業的赴美留學的學生當中，一九二一級、二二級和二三級的學生在一起生活相處的時間較長，大家年齡相當，且作爲五四運動中清華學生運動的中堅力量，大家志同道合，同過甘苦，共過患難，一起經受過雪雨風霜的磨練，共同的生活和戰鬥經歷使他們建立了深厚的友情。在珂泉的時候，梁實秋和聞一多便一直與散居各地的同學保持著聯繫，彼此間魚雁往來，敘私情，談國事；而到了美國之後，幾乎所有的人都親身經歷過或耳聞目睹過同胞遭受凌辱的事件，因之而激發起的強烈的愛國熱情使他們的心貼得更近了。大家意氣相投，都覺得有見面商討甚至組織起來的必要，於是有了此一次的芝加哥之會。

在芝加哥大學附近一條叫Drexel street的街道上，有一個設備簡陋的小旅館，梁實秋、聞一多二人與十幾個來自各地的清華留學生會聚于此，共同商討，相互交流，決定成立「大江會」，並在以下幾個問題上達成共識：

一、於當時國家的危急的處境，不願侈談世界大同或國際主義的崇高理想，而宜積極提倡國家主義（nationalism）。

二、於國內軍閥之專橫恣肆，應厲行自由民主之體制，擁護人權。

三、鑒於國內經濟落後，人民貧困，主張由國家倡導從農業社會進而為工業社會……

組織以「大江」為名，既象徵中國之偉大悠久，也用以顯示會員們崇高的愛國精神。組織的成立典禮就在他們下榻的旅館客廳中舉行，會上梁實秋赴美前在國內定製的一面綢質大國旗派上了用場，會員們把這幅長有一丈的紅黃藍白黑五色國旗懸掛在中央，面對著她，舉拳宣誓：「余以至誠宣誓，信仰大江會的國家主義，遵守大江會章，如有逆反願受最嚴厲之處分。」會上還宣讀了由羅隆基、何浩若起草的《大江會章程》，對誓詞中的「大江的國家主義」一詞作了特別的解釋，即指「中華人民謀中華政治的自由發展，中華經濟的自由抉擇，及中華文化的自由演進」，以此表示「大江會」提倡的「國家主義」與當時國際上甚囂塵上的狹隘的軍國主義的區別。《章程》同時指出「大江會」的宗旨是：「本大江的國家主義，對內實行改造運動，對外反對列強侵略。」而當前的主要任務是「偏重反對列強侵略與鼓勵民氣」。此文由時昭瀛、王化成翻譯成英文，在留學生中散發，後全文刊載於一九二五年十一月十五日由上海泰東圖書公司出版發行的《大江季刊》第一卷第二期上。

「大江會」是梁實秋參加的第一個具有政治色彩的團體組織，它的發起明顯源自于青年學生激烈的愛國熱情，所以在組織的奮鬥宗旨上表現了一種強烈的富國強民、爭取民族獨立的愛國欲望，鋒芒所指便是當時國內猖獗一時的封建軍閥和外來的列強侵略；而在社會制度的革新手段和謀取民族獨立富強的途徑上，他們選擇了較為溫和的社會改良主義，希望通過平和的方式達到改良社會、促進民族發展的目的，這也表現了青年學生幼稚的政治幻想。但這樣的主張與梁實秋的社會政治理想有較多的契合之處，所以梁實秋不僅參與了「大江會」的發起，而且在組織成立以後成為集團中的活躍分子，曾在《大江季刊》第一卷第二期上發表題為《文學中的愛國精神》一文，鼓吹和宣傳「大江會」的政治觀點。

「大江會」並非組織嚴密的政黨，也缺乏具體的行動綱領，確切地說，只能是一個帶有民間組織性質的社會政治團體，加之所屬會員大都散居美國各地，聚會磋商的機會極少。組織成立後，會員最多時曾增加到三、五十人，仍主要以清華留學生為主，組織的會刊——《大江季刊》也只在國內發行過兩期，待到大部分成員學成歸國、各奔前程之後，「大江會」也就自動解散了。

四、「新人文主義」的追隨者②

一九二四年（民國十三年）夏秋，梁實秋到了美國麻省康橋，入美國著名的學府之一——哈佛大學研讀文學碩士學位。在康橋，梁實秋先是與顧一樵一起賃居於奧斯丁園五號，半年後，兩人約同時昭瀛、徐宗涑等幾個中國留學生遷入漢考克街一五九號公寓，這裏往東去是麻省理工學院，往西是哈佛，於大家都很方便。公寓裏的設備雖然簡陋寒磣了些，但租金低廉，又兼大家都是中國人，群居于一處，相處融洽，平時人來人往，趣聞不斷，倒也給枯燥乏味的異國求學生涯增添了不少樂趣。

哈佛是美國歷史最悠久的綜合性大學之一，在美國高等學府中久負盛名，學術界的泰斗名人雲集其間，確實是個求學深造的理想之地。這一年，梁實秋選修了五門課：契特雷治教授的「莎士比亞」，韋伯斯特教授的「培根及彌爾頓」，梅辛格教授的「拉丁文和西塞羅」，默道契教授的「美國早期文學批評」和白璧德教授的「十六世紀以後之文學批評」，其中白璧德對梁實秋的影響最爲深刻。哈佛的一年中，在白璧德的影響下，梁實秋幾乎全盤接受了「新人文主義」的理論主張，成爲了「新人文主義」如影隨形的膜拜者，從而基本上完成了他的文學觀乃至人生觀的體系建構，並一直保持，直到晚年。

他在六十年代，曾經這樣回憶起當年對白璧德及其「新人文主義」的感受：

白璧德先生的學識之淵博，當然是很少有的，他講演起來眞可說是頭頭是道，左右逢源，由亞裏士多德和聖白甫，縱橫比較，反復爬梳，務期斟酌於至當。我初步的反應是震駭。我開始自覺淺薄，我開始認識學問思想領域之博大精深。繼而我漸漸領悟他的思想體系，我逐漸明白其人文思想在現代的重要性。③

白璧德給他的印象之深，對他的影響之大，從中可以略見一斑。

在二十世紀初的西方，資本主義經過一個多世紀的發展，在取得了物質文明極大進步的同時，種種弊端也開始顯露出來，而進入二十世紀之後爆發的世界規模的第一次世界大戰，則進一步觸發了資本主義社會的社會危機和精神危機的深化。在這樣的歷史背景下，一部分知識份子開始了對資本主義社會制度及其文化體系的反思和批判，其結果是少部分人選擇了與資本主義理念背道而馳的馬克思主義，更多的人陷入了懷疑和迷惘的漩渦之中，還有另一部分帶有保守思想傾向的人則把目光投向了來路，希望從歷史和傳統中尋找和發現濟世良方。以白璧德爲代表的新人文主義者便是屬於後者，他們把所有社會的、政治的、意識形態領域問題的產生根源全都歸結於帶有古典主義色彩的人文主義精神的泯滅和缺失上，希望通過對這種人文主義精神的重新確立，建立一種「人的法則」來規範人類，改造因物欲橫流、道德淪喪而變得醜陋不堪的社會現實。

「人性」是新人文主義理論的基石和出發點。白璧德宣稱：「善惡之間的鬥爭，首先不是存在於社會，而是存在於個人。」④從這一基本點出發，白璧德所主張的人性二元論便構成了其理論體系的核心。所謂人性二元，是指人身上存在著兩個「自我」，一種是「能夠施加控制的『自我』」，另一種是「需要施加控制的『自我』」，實際上就是通常所說的理性和欲望，這兩種「自我」在人性內不斷地鬥爭、排斥，導致了善惡的產生。而「人之所以爲人，正在於他有內心的理性控制，不令感情橫決」。⑤所以新人文主義者強調理性，強調能代表理性的外在權威。但這種理性觀念與近代以具有很強物質化意義的科學精神爲核心的理性觀念有本質的區別，「人文主義」是其中心，它的外化形式往往表現爲人類歷史上出現過的帶有人文主義特質的種種道德倫理規範。因此，在白璧德的新人文主義的人性觀中，「理性」的克制是最具有價值意義的，「節制」和「均衡」的生活才是人生的理想境界。

需要指出的是，新人文主義所鼓吹的「人性論」與西方資產階級經典思想家們所宣揚的「人性論」是不同的，甚至是根本對立的。歐洲資產階級人性論發端於文藝復興時期，針對中世紀封建宗教神學的禁欲主義和等級制度，新興的資產階級思想家們提出了「自然人性論」，即肯定人的感性欲求和自然權利的正當性和合理性。到了十八世紀資產階級革命時期，以盧梭等爲代表的法國資產階級啓蒙思想家以這種「自然人性論」爲基礎，建立了一整套反對封建主義的社會政治理論體系，提出了天賦人權、自由、平等、博愛等資產階級人性觀念。以盧梭爲例，他認爲，人的本性是淳樸美好的，惡之產生的源泉不是人類天然的人性，而是因外在的、人爲的不合理的封建制度、封建道德規範及矯飾的文明對這種美好善良的天然人性壓抑和摧殘的結果。以這樣的人性觀爲基礎，盧梭認爲要想消除罪惡，弘揚美好，就必須提倡人道，肯定人的天然人性的合法性，就必須摧毀壓抑人類美好天性的封建制度以及建立其上的封建意識形態系統。可以說，「自然人性論」是構成近代資本主義理論大廈的基石。

雖然同樣標榜「人性論」，同是以人性爲基本出發點來解釋社會歷史現象，白璧德的新人文主義對「人性」的理解和詮釋與資產階級「自然人性論」所主張的「人性」概念有著質的區別。白璧德從他的強調自我克制的「人性」觀念出發，認爲現存的社會現實中凸顯出來的種種弊端和醜陋現象正是由於對人的自然天性和感情不加節制，一味放縱而帶來的惡果，所以他主張排斥「自然人性論」，並進而否定建立在「自然人性論」基礎之上的資產階級人道主義精神，認爲它代表了「目前正在使人文主義或宗教傳統紀律趨於瓦解的主要傾向」。因此，在他的《盧梭與浪漫主義》一書中，他把批判的矛頭直接指向了「比任何另外的人都更有資格代表」浪漫主義這一巨大運動的盧梭。在他看來，「浪漫主義」即意味著恣情和無節制，是「一種放縱的乃至泛濫無度的情感主義」，它違背了古典主義「適合」的藝術原則，是「一種無政府主義的想象的混合」，應該毫不留情地加以徹底否定和批判。無疑，白璧德的新人文主義的基本思想是與古典人文主義相呼應的一種理論體系，他的主張和觀點頗似中國傳統的儒家思想，這一點林語堂早在三十年代便予以指出，梁實秋本人在後來也加以承認：「孔子所說的『克己復禮』，正是白璧德樂於引證的道理。」⑥從思想淵源上說，作為中國人的梁實秋之所以如此輕易而全面地接受新人文主義思想，原因恰在於此。

此時的梁實秋景仰並膜拜于白璧德的新人文主義學說是與他的思想及心態分不開的。經過許多年生活的磨洗，五四大潮在心胸中掀起的狂瀾和年輕人特有的激情與浪漫情緒正在逐漸地淡化和消逝，而自幼在具有濃厚傳統文化氛圍的家庭中不知不覺熏染而成的那種保守溫和的文化心理積澱，則在此時開始慢慢地復甦了。所以，雖然在一九二三年底在珂泉寫成的《拜倫與浪漫主義》中，梁實秋還在熱情地讚揚拜倫「像一陣不羈的西風，飛砂走石，吹幹軟枝，嘯著過去」的浪漫風采，但在僅僅時隔半年的哈佛校園裏，一接觸到白璧德，便「突然感到他的見解平正通達而且切中時弊」，並深深為之折服。白璧德中庸、溫和、保守的新人文主義理論所指引的，也許正是梁實秋在五四時期便開始尋求的「穩健的康莊大道」。

從此，往日曾被梁實秋視作藝術生命源泉之所在的浪漫情懷從他身上漸漸消失了，文壇上再也不見詩人梁實秋的身影，代替他的是一個更爲嚴謹執著的理論批評家的梁實秋。從一九二四年到三十年代初，梁實秋撰寫了一系列的文藝理論批評文章，不遺餘力地鼓吹和宣傳他所接受的新人文主義觀點。與白璧德一樣，梁實秋在他的所有論著中都反覆強調文學應當表現「人性」這一基本要義，「人性觀」也成爲了梁實秋文藝思想的核心。如「偉大的文學乃是基於固定的普遍的人性」、「文學發於人性，基於人性，亦止於人性」⑦，「人性是測量文學的唯一標準」⑧等等，直至七十年代末，梁實秋在爲《梁實秋論文學》一書作的序言《我是怎麼開始寫文學批評的？》一文中仍然宣稱：「我發現最好的文學作品無不以發揚人性爲指歸。」究竟何爲「人性」？雖然梁實秋從未對他所說的「人性」概念作出過明確的定義，但他在三十年代發表的具有代表性意義的論文《文學的紀律》中，曾對自己的人性觀做過簡單的概括：「人性是很複雜的（誰能說清楚人性包括的是幾樣成分）。唯因其複雜，所以才有條理可說，情感和想像都要向理性低首，在理性指導下的人生是健康的、常態的、普遍的。在這種狀態下表現出的人性亦是最標準的。」無疑，梁實秋的人性觀也是二元的，一方是情感和想像，另一方是理性，並且他同樣認爲在這二元中，理性是人性的中心，「節制的力量永遠比放縱的力量更可貴」，而「所謂節制的力量，就是以理性(Reason)駕馭情感，以理性節制想像」。在梁實秋的人性觀裏，「理性」成了「人性」的代名詞，所以，他所反覆強調的人性的普遍性實際上也就是指理性的普遍性。這樣的人性觀與白璧德的人性觀如出一轍，是一種以理節欲的人性觀。

在這樣以「人性」爲核心的文學觀的指導下，梁實秋開始了他的文學批評生涯。《現代中國文學之浪漫的趨勢》是梁實秋在哈佛寫作的第一篇論文，在這篇幾乎就是白璧德《盧梭與浪漫主義》翻版的文章中，梁實秋用他的人性標準對五四以來的中國文藝思潮重新進行了估價。

在文章中，梁實秋通過對中國五四文學接受「外國的影響」、對「感情的推崇」、「印象主義」批評和標舉「自然和獨創」等幾個特點的描述，把五四文學定性爲趨向於「浪漫主義」的文學運動，其顯著的表現是：

一、文學運動根本的受外國影響；

二、文學運動是推崇情感輕視理性；

三、新文學運動所採取的對人生的態度是印象的；

四、新文學運動主張皈依自然並側重獨創。

梁實秋認爲，本來這些特點在文學創作中的表現是無可厚非的，但五四文學的失誤在於背離了「度」的要求，違反了理性選擇的標準，「感情就如同鐵籠裏猛虎一般，不但把禮教的桎梏重重的打破，把監視情感的理性也撲倒了。」從而流於「頹廢主義」和「假理想主義」，這樣的文學中所表現出來的人類的生活是非常態的、非普遍性的。它與古典文學是背道而馳的，而「古典文學裏面表現出來的人性是常態的，是普遍的。其表現的態度是冷靜的，清晰的，有紀律的。」因此，他得出的結論是，新文學運動是「反乎理性，反乎人性」的，「就全部看，是『浪漫的混亂』」。

在進行文學批評的同時，梁實秋又進一步挖掘，把自己的筆觸深入到了對人生觀思潮的批判上。在五四新文化運動中，人道主義是許多作家高舉不倒的大旗，被用作最銳利的思想武器，痛擊封建文化的非人性和封建禮教的「吃人」本質，從陳獨秀、魯迅到周作人，莫不如此，可以說，在五四新文學運動的反封建鬥爭中，以資產階級「自然人性觀」爲基礎建立起來的人道主義曾作出過不可磨滅的功績。但時隔幾年之後，梁實秋在他的《現代中國文學之浪漫的趨勢》中，卻對人道主義作了另一種判定。他在文章中明確宣稱：「吾人反對人道主義」。其原因便是「因爲人道主義不是經過理性選擇」的，他認爲「情感在量上不加以限制，在作者的人生觀上必定附帶著產生『人道主義』的色彩，人道主義的出發點是同情心，更確切些說是普遍的同情心」，而「這種普遍的同情心，是建立在人是平等的這一假設上的，平等觀念的由來，不是理性的而是情感的」。

同樣，對於在五四時期風靡一時的個性解放思想，梁實秋在把它視作五四新文學浪漫主義傾向的一個突出標誌的同時，也予以了堅決的否定。在另一篇稍後寫于哈佛的論文《王爾德的唯美主義》中，梁實秋把個性與普遍性對立起來，指出「古典藝術的物件是普遍的，浪漫藝術的物件是個人的，所謂普遍的，即是常態的中心的，所謂個人的，即是例外的怪異的，所以說個性與普遍性是兩件背道而馳的東西」⑨。依據這樣的邏輯，他認爲五四時期的「浪漫主義者專要尋出個人不同處，勢必將自己的變態極力擴展，以爲光榮，實質背離了人性的中心」。⑩在他看來，這樣的個性主義實際上是一種缺乏理性節制的個性放縱，所以應當加以譴責，回歸正道，「偉大的文學亦不在表現自我，而在表現一個偉大的人性。」很顯然，這裏的「人性」指的是具有克制功能的理性因素。

梁實秋對新人文主義的接受和繼承是顯見的事實，白璧德對他的影響是深刻而全面的，新人文主義的理論主張成爲梁實秋一生中信奉不疑、堅持不渝的文學和人生信念。

五、《琵琶記》的上演

在哈佛這樣的大學中讀書，日子過得忙碌而辛苦，所以大家平時總是想盡辦法，組織一些課餘活動，調節一下清苦的生活。一九二五年的春天，當時擔任康橋中國留學生學生會主持人的沈宗濂，受聞一多他們在紐約上演《楊貴妃》獲得成功的影響，決定組織演出一場英語的中國戲，招待外國師友。說起演戲，從小在北京長大的梁實秋並不陌生，小時侯他就經常隨父親一塊去戲園裏聽戲，進入清華後，更是成了校園戲劇活動中的活躍人物，曾出演過陳大悲編導的《良心》一劇，畢業晚會上又曾在顧一樵擔任編劇的三幕話劇《張約翰》中客串過女主角。到了哈佛之後，同住的顧一樵對戲劇也很熱心，兩人平時省吃儉用，卻捨得花錢去看戲，成爲波士頓Copley Theater劇院長期的座上客，兩人看戲頗有點門道，不求熱鬧，卻細心于觀摩演員們的技藝，至精彩處常有會心之得。顧一樵雖學的是電機工程，但對文學總是念念不忘，是位多才多藝的才子。因此，這次活動的籌劃任務自然而然地落到了他們二人的肩上。

接受了任務之後，顧、梁二人便開始忙碌起來。首先是挑選劇本，經商討，最終選定了《琵琶記》，底本用的是明代高則誠的腳本。編劇的責任仍由輕車熟路的顧一樵承擔，高氏底本原有二十四齣，顧一樵摘其精要，編成三幕話劇。劇本成稿後由梁實秋譯成英文，編劇一環便算是大功告成。挑選演員的問題，卻頗費了一番周折。大概是由於在康橋的留學生中女性較少的原因，一時很難找到劇中女主角趙五娘的扮演者，商量多次，最後大家一致認爲請在波士頓附近的威爾斯萊女子學院的謝文秋擔綱最爲合適，並同時請在同一學院留學的冰心出演劇中丞相之女這一角色。承兩位女同胞的慷慨，女主角人選即定。但男主角蔡伯喈扮演者的挑選又成了另一難題。這一次不是找不著人，而是應者太多，可能大家都把飾演蔡伯喈視爲一件美差，躍躍欲試者大有人在，爭來爭去，難以定奪，後經顧一樵和梁實秋商量，把這一「美差」送給了梁實秋。演員既定，一台戲便算是有了一個雛形，雖沒有什麼經驗，也沒有專門的導演，但大家憑著一股熱情，在課餘時間自動地排演起來。

劇中所需的服裝道具，一併求助於在紐約的聞一多。聞一多、余上沅、趙太侔等人此前曾在紐約策劃演出過《楊貴妃》，反響頗好，演戲所需的家當一應俱全，正好派上用場。於是，楊貴妃的服裝穿在了趙五娘的身上，雖說是顛三倒四，但條件所限，大家也顧不了那麼許多了。道具佈景由紐約來的余上沅和趙太侔負責，聞一多因脫不開身，沒有前往。余是熟人，曾與梁實秋他們同船赴美；趙太侔則是初次相識，這位寡言少語的朋友一到康橋，便不聲不響地捋袖攘臂，幹將起來。經過他們兩人的幾天努力，燈光、佈景、道具等一切就緒。

萬事俱備之後，一九二五年三月二十八日，《琵琶記》在波士頓美術劇院正式上演。當時的情景堪稱盛況，觀眾大部分是美國人，包括大學教授和文化界人士，也有不少中國留學生和華僑前來捧場，劇院內人頭攢動，座無虛席。演出進行得很順利，所有演員都沒出現什麼差池，只是其中有一些細節頗爲逗笑，劇中原有插曲一闋，由趙五娘懷抱琵琶自彈自唱，改編後的劇本中唱詞缺漏，意思是由演員自行選擇。結果是臺上的趙五娘用四季小調唱了一曲唐人賀知章的「少小離家老大回」，年代出入之大，可謂荒唐，好在座中賓客並無幾人眞正瞭解《琵琶記》。幕落之時，劇院內竟掌聲雷動，呼聲鵲起。

曲終人散，皆大歡喜。這次演出在當地引起的反響甚佳，第二天的《基督教箴言報》上專門發了一篇新聞，加以報導，並刊出了梁實秋的劇照，事後聞一多寫信給梁實秋，並附詩一首，聊作調侃：

一代風流薄倖哉！鍾情何處不優俳？
琵琶要作誅心論，罵死他年蔡伯喈。

梁實秋在哈佛一年的求學生涯，在《琵琶記》的掌聲中降下了帷幕。在獲得了文學碩士學位之後，是年的夏秋，梁實秋旋即又赴哥倫比亞大學進修一年。在那裏，梁實秋接觸到了另一本對他思想產生很大影響的書——斯陶達(Lothron Stoddard)的《對文明的反叛》(The Revolt against Civilization)。該書稱，私有財產是人類文明的基礎，人類所有文明現象的出現和發展，都是建立在私有財產出現之上的。對於馬克思和恩格斯把一切罪惡的根源都歸結到私有財產上，因而得出私有制必須徹底廢除結論的理論，斯陶達認爲這是對文明的反叛，是對整個文明的打擊。從此，對私有財產神聖的合理性的認同，便深深嵌入了梁實秋的政治觀念之中。

一九二六年（民國十五年）六月，梁實秋在美國三年的求學生涯結束了，年輕氣盛的梁實秋滿懷著對未來生活的無比自信，踏上了歸國的旅程。如果說三年前剛到美國時的梁實秋還是一個涉世未深、頭腦中充滿了對文學和社會的幼稚想法的毛頭小夥兒的話，此時的梁實秋已經脫胎換骨，成爲了一個對一切擁有自己的思想、觀念和獨立見解的成熟文人了。

【附　註】

①梁實秋：《談聞一多》。
②本節內容參考羅綱先生的《梁實秋與新人文主義》一文（載《文學評論》一九八八年第二期）。
③梁實秋：《文學因緣·關於白璧德先生及其思想》，臺北文星書店一九六四年版。
④白璧德：《民主與領袖》。
⑤梁實秋：《影響我的幾本書》。
⑥梁實秋：《影響我的幾本書》。
⑦梁實秋：《偏見集·文學與革命》，正中書局一九三四年版。

⑧梁實秋：《浪漫的與古典的．現代中國文學之浪漫的趨勢》，新月書店一九二七年版。
⑨梁實秋：《現代中國文學之浪漫的趨勢》。
⑩梁實秋：《現代中國文學之浪漫的趨勢》。

第四章　故園回歸

一、重逢·成婚

一九二六年（民國十五年）七月的一個黎明，麥金萊總統號客輪抵達上海吳淞口外，拋錨候潮。三年來，梁實秋第一次感受到了故國的蛙鳴蟬噪，大上海在清晨薄薄的霧靄裏泛著迷濛依稀的身影，沈沈地眠著，故國的一切都是那麼的寧靜和安詳，一股不由自主的親近感緊緊地擁抱著梁實秋激動不已的心，就是腳下的滾滾濁流，彷彿也親切了許多。鄉風習習，更勾起了梁實秋對北方故園和戀人的思念之情。

棄船登岸後，梁實秋沒有再去拜會三年前送他赴美的各位創造社的朋友們——此時的梁實秋與他們已成爲志不同、道不合的陌路人。在上海，他給程季淑發了一封快函，約她至天津會面。然後帶著梅光迪爲他寫的推薦信，去南京謁見胡先驌（時任國立東南大學校長）謀取教職。求職一事很順暢，取得了東南大學的聘書後，梁實秋即刻起程，趕赴天津。但程季淑並沒有如約而至，事後她對梁實秋解釋爲「名分未定，行爲不可不檢」。這不僅沒有引起梁實秋的惱怒，反而對她的做法肅然而起敬意。

久別重逢的滋味，可能只有身臨其境的人才能眞切地體會得到。「執手相看淚眼，竟無語凝噎」說的是分離時的情景，用於遙別再聚之時也無不可。北京的重逢，梁實秋和程季淑二人竟有一種「不能交一語」之感，只有程季淑說了一句：「華，你好像瘦了一些。」是啊，怎能不瘦！雖然年輕，但歲月流逝，多少還是給彼此帶來了些變化，凝視著彼此憔悴消瘦的臉龐，這一對久別的戀人竟不知從何說起。

三年的離別沒有疏遠兩顆相依相伴的心靈，愛情反而變得更加醇厚、熾烈。重逢後，兩人談的第一樁事是婚事，確定婚期。暑期太短促，梁實秋要在八月底趕赴南京就職，因此，兩人決定在寒假舉行婚禮。

暑假很快就過去了，八月底，梁實秋獨自往南京赴任，住進了蓁巷——東南大學校門正對面的一條小巷子——四號的一棟房子裏，同住一棟的還有余上沅、陳衡粹和張景鉞、崔芝蘭兩家。此時恰好余上沅也準備結婚，於是兩人結伴，四處奔走，收拾新房。經過幾個月的忙碌，終於「一切俱備，只欠新娘」。這幾個月中，在北京的程季淑也沒有閒著，一邊教書，一邊籌備嫁妝，用她自己六年的積蓄置辦了四大木箱的衣物。

一九二七年（民國十六年）二月二十一日，梁實秋和程季淑二人在北京喜結連理。新婚燕爾，按照禮俗，雖免不了往來奔忙、拜見親朋長輩之苦，但這並不妨礙梁實秋有美好的心情，心滿意得的他盡情地享受著生活帶給他的無窮樂趣。

但僅過了十幾天，國內的時局發生了急遽的變化。北伐軍自一九二六年(民國十五年)起兵北上之後，一路上勢如破竹，銳不可當，於一九二七年三月近逼南京。母親爲兒子擔心，勸他們暫且觀望應變，不要南下；然而父親對時局卻是另一種看法，有賢惠的媳婦陪伴，他對梁實秋的生活很放心。他對梁實秋說：「你現在已經結婚了，趕快帶著季淑走，機會放過，以後再想離開這個家就不容易了。……男兒志在四方，你去吧！」程季淑對於大事向來有主見，決定馬上動身。兵荒馬亂之時，出門格外小心，梁實秋帶著換上了素裝的程季淑登上了南下的火車。

到了南京之後，市內局勢已不穩定，滿街都是散兵遊勇，見到馬車就徵用。梁實秋他們在屋子裏躲了五天，哪里都沒有去，此時，在城內已可遙遙地聽見交戰的炮聲，與朋友商量後，梁實秋決定攜家赴上海暫避戰禍。本以爲不久即當歸來，所以他們把行李家當全都寄存在學校圖書館的地下室中，然後，一身輕裝的梁實秋夫婦與同樣新婚不久的余上沅夫婦及幾位朋友一道乘船前往上海。不曾逆料的是，此一去竟與東南大學成爲訣別，戰後學校復課時他與余上沅均不在續聘之列，歸期無望，梁實秋遂成爲了一個客居滬上的文士。

與此前的任何一個時期相比，客居上海的三年，梁實秋的生活可謂艱苦。三年中，他們迎來了四個孩子中的三個（其中第二個女兒後來夭折于青島），梁實秋眞正擔負起一家之主的責任，承擔起了家庭生活的繁複重擔。

初到上海時，梁實秋夫婦在程季淑的親戚家裏借住了一段時間，半個月後即遷往愛文路衆福里的一棟房子裏，那裏是典型的上海式的一樓一底的房子，條件較差，梁實秋爲此還專門寫過一篇《住一樓一底房者的悲哀》，描述住戶生活的艱辛和尷尬。此時，梁實秋已失去正常的經濟收入，雖小有家私，但整天悠遊，難免有坐吃山空之虞，於是梁實秋經另一位同是清華留學生的張禹九的推薦，接手《時事新報》副刊《青光》的編輯工作。

做編輯大非易事，自梁實秋接手主編《青光》之後，投稿的人很多，但眞正可用的卻少而又少，於是梁實秋不僅要忙著閱稿審校，還要約稿，有時還得自己親自動手寫稿。後來由新月書店出版的小冊子《罵人的藝術》就是根據這一時期他在《青光》上發表的一些小文章編輯而成的。

作爲報紙的副刊，《青光》的規模雖小，但某種意義上說也算是梁實秋獨佔的一塊陣地，有時難免也要打些筆墨官司。當時有一個小報長篇連載《鄉下人到上海》，作者帶著上海人特有的優越感，大肆誇耀上海人的文明，嘲笑鄉下人的愚昧無知，梁實秋讀後覺得很不公平，遂在《青光》上刊出連載《上海人到紐約》，以其人之道還治其人之身，直至對方偃旗息鼓，方才作罷。與當時許多作家一樣，梁實秋也用過許多筆名，如秋郎、諧庭、慎吾、徐丹甫等，其中秋郎出自冰心調侃梁實秋與謝文秋之關係一詩，中有「朱門一入深似海，從此秋郎是路人」一句，梁實秋覺得此二字很不錯，遂用為筆名。

在《青光》的工作只有短短的半年光景，一九二七年秋天，梁實秋入暨南大學執教，後又相繼兼任復旦光華和中國公學的課務，整天奔波不止，疲于應付。但隨著收入的增加，生活條件也漸有改善，先後又遷居兩次，一次遷往赫德路安慶坊，最後搬到愛多亞路一〇一四弄。

進入二十世紀之後，隨著經濟文化的發展，上海成了文人薈萃之地；加之當時北方政局板蕩動亂，北京的許多人紛紛南下入滬，所以梁實秋在上海的三年中，雖然飽嘗了奔忙之辛苦，朋友卻很多，其中有故交，也有新識，大家往來頻繁，聚會頗多，也給生活增添了許多樂趣。就是在這樣的朋來友往的聚首之中，梁實秋參與了對於中國現代文壇具有重要意義的一件大事——發起創建新月派。

二、新月健將(一)

新月派在中國文壇上的出現帶有一些偶然的因素。一九二七年初，隨著北伐軍的節節勝利，北洋軍閥統治下的北方時局陷入一片風雨飄搖之中，雖然戰火還沒有燃至簷下，但北洋政府已是頽勢畢現，無力回天。軍事上的潰敗，引發了經濟上的崩跌，政府甚至無力承擔日常的支出費用，致使教員薪俸積欠經年，學校正常的秩序無法維持，時常爆發教員「索薪」風潮。在這樣混亂的局勢下，原本供職于北方大學中的一些知識份子開始南下逃荒，落住上海。梁實秋所熟悉的徐志摩、聞一多、葉公超、丁西林等人都是在這期間先後到達上海，另一位文壇巨匠胡適在結束了在美國的訪問講學之後，也於這一時期來到上海。

除了這批人之外，當時還有許多從海外歸來的留學人員，也紛紛選擇上海爲落腳點，其中就有梁實秋所熟識的潘光旦、劉英士、張禹九等人。新朋舊友在一個城市中相逢，相互間的走動聚會便成了很正常的事。但聚首日多，大家均有「終日言不及義」之感。恰好此時胡適、徐志摩等人有在上海開書店、辦雜誌的意向，建議一經提出，許多人附議贊同，於是在法租界租下一棟房子，開始了籌備工作。按照胡適的意思，書店實行股份制，股資由各位參與者分擔，大股一百，小股五十，以示民主經營的精神，最後共籌集資金兩千元，梁實秋認購的是小股。書店名稱選用「新月」，這是徐志摩的意思，因爲他很崇拜印度詩人泰戈爾，「新月」二字便是套用泰戈爾詩集《新月集》的名稱而得，在來上海前，徐志摩在北京還曾主持過一個俱樂部性質的社交團體「新月社」，後來的新月派中的許多成員都是原來的「新月社」成員。書店的首任董事長是胡適（後退出），由余上沅任總經理，負責經營。①一九二七年七月一日，新月書店正式開張營業。

新月書店開張後，既印行書籍，也負責代售，但主要任務仍是出版「新月」同人及與之有關聯的作家作品。最早出版的二種書籍是梁實秋的論著《浪漫的與古典的》和徐志摩、沈性仁合譯的《瑪麗瑪麗》，此後還出版過徐志摩的《翡冷翠的一夜》、《巴黎的鱗爪》、《猛虎集》、《自剖文集》，胡適的《白話文學史》，梁實秋的《文學的紀律》，沈從文的《蜜柑》，胡也頻的《聖徒》，陳登恪的《留西外史》等書籍。

新月書店開張後半載有餘，即一九二八年三月十日，《新月》月刊方始創刊，月刊封面設計出自聞一多之手，取天藍色爲底色，上中貼一塊黃紙，用宋楷字在上橫書「新月」二字，形式頗別致，與衆不同。發刊詞經大家討論產生，徐志摩執筆，題爲《〈新月〉的態度》，在創刊號上刊出，提出了「健康」和「尊嚴」兩大原則，並把當時的文壇列出了「感傷派」、「頹廢派」、「唯美派」、「主義派」等十三個派別，一一加以否定批判。其中有一段話很有值得玩味之處：

我們不敢贊許感傷與狂熱因爲我們相信感情不經理性的清濾是一注惡濁的亂泉，它那無方向的激射至少是一種精力的耗廢。我們未嘗不知道放火是一樁新鮮的玩藝，但我們卻不忍爲一時的快意造成不可救濟的慘像。「狂風暴雨」有時是要來的，但狂風暴雨是不可終朝的。我們願意在更平靜的時刻中提防天時的詭變，不願意藉口風雨的倡狂放棄清風白日的希冀。我們當然不反對解放情感，但在這頭駿悍的野馬的身背上我們不能不謹愼的安上理性的鞍索。

其論調與梁實秋信奉的新人文主義逼似，不知是否出於梁實秋的意思。但有一點可以肯定的是，溫和、平穩的改良主義看來已爲「新月」中的大部分人所認同並接受。

《新月》的創刊，爲「新月」的成員們提供了一個大展宏圖的用武之地。同人中以文人居多，《新月》的內容當然以文藝爲主，但新月派並非是一個純粹的文學社團，其成員涉及政治、哲學乃至自然科學等諸多方面，所以《新月》上也經常刊載一些文藝之外的其他一些學術思想方面的文章，其中推出最多的要數政治論文了。當時「新月」的成員中有幾個人熱衷於政治，如胡適以及稍後加入的羅隆基等人，他們經常在《新月》上發表文章，對時局及現狀陳表意見，闡述自己的政治觀點，有時甚至鋒芒畢露，言辭激烈，不無尖銳之語，以至有《新月》第二卷六、七期合刊因刊發胡適的《新文化運動與國民黨》一文而遭政府當局封查嚴禁之事發生。後來隨著梁實秋、聞一多等人蟄居青島，徐志摩因飛機失事而喪生，《新月》在由羅隆基等人接管編輯之後，政治色彩愈加濃厚，但書店和雜誌的經營與發行狀況卻每況愈下，雖經一再換人和改組，終無起色。一九三三年六月，《新月》停刊；是年十二月，新月書店正式倒閉，至此，風靡一時的「新月派」活動也完全結束了。

此時的梁實秋對政治也抱有濃厚的興趣，在他和葉公超、潘光旦擔任編輯的《新月》第二卷二期上，擡高了政治論文的地位，對文學的分量有所壓縮，在二卷六、七期合刊上還特意「敬告讀者」：「每期都希望於原有的各種文章之外，再有一二篇關於時局或一般政治的文章。」上文所提到的刊物遭查禁之事就是發生於這一時期。在熱心于編輯之外，梁實秋自己也撰寫了一些政治性的論文登載在雜誌上，如《論思想自由》、《孫中山先生論自由》、《所謂的「文藝政策」者》等。

在政見上，梁實秋是以自由主義者的姿態出現的，打著「自由」的旗號，他對當時政府的獨裁專制頗有微詞，反對國民黨的思想統制，認爲思想無法統一，也無需統一。其中有些篇幅詞鋒之銳健，出自像他這樣的自由主義論者的筆端，不得不令人震驚。如在《論思想自由》一文中，針對國民黨當局對思想自由的鉗制與迫害，他這樣寫道：「思想是獨立的；

隨著潮流搖旗吶喊還不是有思想的人，那是盲從的愚人。有思想只對自己的理智負責，換言之，就是只對眞理負責；所以武力可以殺害，刑法可以懲罰，金錢可以誘惑，但是卻不能掠奪一個人的思想。別種自由可以被惡勢力所剝奪淨盡，惟有思想的自由是永遠光芒萬丈的。一個暴君可以用武力和金錢使得有思想的人不能發表他的思想，封書鋪，封報館，檢查信件，甚而至於加以『反動』的罪名，槍斃，殺頭，夷九族！但是他的思想本身是無法可以撲滅的，並且愈遭阻礙將來流傳得愈快愈遠。」然後他進而指出，政府強求思想統一「這樣武斷的教育的結果，我們能認爲是『思想統一嗎？』這不是『思想統一』，這是愚民政策！這是強姦！」在文章的結尾處，他還用黑體大字發出呼籲：「我們反對思想統一！我們要求思想自由！我們主張自由教育！」在《孫中山先生論自由》一文中，梁實秋的筆鋒變得更加犀利。他指出，在專制制度下，「批評政治的報紙雜誌隨時有被禁止取締的危險，人民隨時有被黨部行政機關及軍隊逮捕的危險，人民隨時有被拉去強充軍役的危險，人民的住房隨時有被軍隊侵佔的危險，人民隨時有被非法徵稅的危險……那裏談得到自由？在中國眞有自由的，只有做皇帝的，做總統的，做主席的，做委員的，以及軍長師長旅長，他們有徵稅的自由，有發公債的自由，拘捕人民的自由，包辦言論的自由，隨時打仗的自由，自由眞是充分極了！可是人民有什麼自由呢？」嚴詞厲色，矛頭直指當局新貴，如此苛厲峻急的筆法，也難怪當胡適把他自己與梁實秋、羅隆基在《新月》上刊發的政治文章合集為《人權論集》出版時，會再度遭受查禁的厄運。

梁實秋在《新月》上發表的政治言論，由不得我們對他對於社會和生活的坦誠與忠忱產生任何懷疑。但需要說明的是，梁實秋不是一個政治家，他只是一個文人——一個有自己獨立政見的文人。

對時弊的猛烈抨擊，並不意味著梁實秋對現政府抱不合作與顛覆的態度，在這個問題上，梁實秋的觀點恰恰相反。他在後來從青島回到北京寫的一篇文章裏這樣說：「現在我們對於政府，當然只有擁護的一途。但是不批評並非是擁護。我們擁護政府是因爲國家的地位太危險，所以不得不群策群力支撐這個殘局，我們現在批評政府正是督促政府走上救國的大道，正是積極地擁護政府。」②在梁實秋看來，與其陷入群龍無首、軍閥混戰的割據狀態，還不如維持現政府的權威地位，在輿論或其他形式的監督下完成糾正時弊的任務。簡言之，梁實秋對時政的抨擊，是以補救爲目的的，他認爲中國需要的是穩妥持重的改良運動，而不是暴力革命。

所以，作爲自由主義者的梁實秋在政治見解上的另一面則表現爲對工農革命抱有敵視和否定態度。這種情緒顯示於他的文藝思想中，就是對共產黨領導下的左翼作家們提倡的「革命文學」（亦稱普羅文學）採取斷然決然的批判和否定態度，因此，日後梁實秋在現代文壇上與左翼作家們的矛盾和衝突也就成為不可逆轉的必然。

三、新月健將(二)

在新月派的諸多文人中，比起徐志摩、聞一多等人，梁實秋並不以創作見長，他是以理論家的身份躋身其中的。他是「新月」的理論家，這一點不僅得到「新月」同人們的認可，就連他們的對手們也不否認。嚴格一點說，新月派中雖然不乏在現代文壇上名動一時、影響深久的大詩人、大作家，但眞正像梁實秋這樣具有完整的理論體系的人物並不多見，甚至可以說沒有。

在新月書店，梁實秋先後出版過《古典的與浪漫的》和《文學的紀律》兩部學術論著，在對一些文學現象加以評述的同時，較為系統地闡述了自己的文學主張。與在美國時相比，梁實秋的文藝觀點並沒有什麼變化，只是這時的思想更顯體系化了。他在一系列的文章中反覆強調的仍然是「人性」是所有文學藝術的最終指歸之所在，「文學的目的是借宇宙自然人生之種種現象來表現普遍固定之人性」③，除此而外，別無他圖。其中的人性當然是以理智克制為核心內容的，帶有古典主義人文傾向的文學理念已經深入到了梁實秋文藝思想的最深處，強調理性的作用，強調外在規範的權威性，成爲梁實秋文學理論體系的最爲突出的特點。他宣揚文學創作的紀律性，必須適度，而不能失之於情感的泛濫和恣肆。「偉大的文學的力量，不藏在情感裏面，而是藏在制裁情感的理性裏面」④。「情感不是一定該被咀咒的，偉大的文學者所該致力的是怎樣把情感放在理性的繮繩之下。文學的效用不在激發讀者的狂熱，而在引起讀者的情緒之後，予以和平的寧靜的沈思的一種舒適的感覺。……文學固可以發洩極豐烈壯偉的情感，然其抒情之方法，卻大有斟酌之處。文學本身是模仿，不是主觀的，所以，在抒洩情感之際也自有一個相當的分寸，須不悖于常態的人生，須不反於理性的節制。這樣健康的文學，才能產生出倫理的效果來。」⑤在這一時期的論著裏，梁實秋把他的「人性觀」中的理性內核在文學創作中的作用闡釋得更加明晰，更爲重要，理性成爲文學中衡量一切的尺規。詩人需要想像的能力，但「想像必須是有紀律的，有標準的，有節制的，然後才能做爲文學創造的正當工具」⑥。小說家也應「憑藉著這故事來表現作者所瞭解的人性，這人性的刻劃才是小說的靈魂」，「專圖故事的突兀曲折而並無對人性的刻劃，這樣的小說，只配作一般民衆的消閒品，沒有文學的價值。」⑦總而言之，文學離不開「人性」，而人性的普遍意義即在於它的理性節制內涵。

梁實秋在這一時期的文學思想中的另一個特點是其貴族化傾向。其實早在寫於一九二二年的《詩底進化的還原論》中，在他還沒有接受新人文主義的影響時，他就做出過這樣的結論：「詩是貴族的。」所以，「詩是爲詩而寫的。詩的本身即是詩人的目的，能鑒賞的人數之多寡是無足輕重的」。雖然此時梁實秋在文藝觀上還抱著「爲藝術而藝術」的藝術至上主義觀點，但其文藝觀中的貴族化傾向可以說是由來已久，梁實秋內心深處對古典主義和傳統文化的認同和親近爲他文藝思想中的貴族化傾向的萌生和發芽提供了豐腴的沃土。

在梁實秋接受了新人文主義之後，這樣的傾向便更加成爲了一種必然的選擇。白璧德曾在他的一篇題爲《法國近代批評大師》中直言不諱地將人分爲三等：第一等人是具有洞察力的人；第二等是自己沒有洞察力，但能夠明智地承認別人的洞察的人；第三等是自己既無洞察和識別的能力，又無力辨識這種洞察的人。因家庭出身而養成的帶有古典色彩的士大夫氣質和受新人文主義的影響相結合的結果，使梁實秋的思想中產生了中西兼備的貴族情結。而潘光旦——這位被梁實秋列爲受其影響甚巨的摯友——關於優生學的觀點則進一步強化了梁實秋對物有優劣、人分等級的看法，梁實秋在晚年的回憶中曾這樣說：「他（潘光旦——引者注）學的是優生學，以改良人種爲第一要義。遺傳最重要，他舉出我國的大書法家以及著名的伶人，大抵是歷代相傳的世家，其關鍵在於婚姻的選擇。因此他最欽佩丹麥，管制婚姻最爲徹底，讓優秀的人多生子女，讓庸劣的大衆少生子女，種族才得健全。這樣的想法，和我正在傾倒于卡賴爾的英雄崇拜的傾向正相符合。我對於所謂『普羅』的看法似乎找到了理論的根據。……我聽他的議論之後，不自覺的深受他的影響，反映在我的文學觀上。」⑧雖然「圓顱方趾皆謂之人，人人皆有人性」，但是，人只有「在超越了自然境界的時候，運用理智與毅力控制他的本能與情感，這才顯露人性的光輝」⑨。既然人有優劣之分，既然文學創作需要以反映人性爲指歸，需要有理性的制約，很顯然，這樣的人性或理性並不是所有的人都能具備的，所以文學的眞正擁有者必然是那些具有天才素質的少數人。因此，在梁實秋的文學觀中，不僅認爲文學創作是天才運思的產物，他甚至對廣大民衆的鑒賞力也提出了質疑：

> 假如一部作品不能爲大多數人所能理解，這毛病卻不一定是在作品方面，而時常是大多數人自己的鑒賞的能力缺乏。好的作品永遠是少數人的專利品，大多數永遠是蠢的，永遠是與文學無緣。……創造文學是天才，鑒賞文學也是天生的一種福氣。所以文學的價值決不能以讀者數目多寡而定。」⑩

這樣的文學觀貫穿到了他對文學創作的所有環節的認識，從題材的選擇直到文學語言的汰選，任何文學創造的細節都應遵循高貴、典雅的原則，「最高的藝術，總帶有一點貴族性。」⑪

帶著這樣的眼光，梁實秋沿襲了白璧德的學說，首先對人道主義進行了批判，「人道主義的出發點是『同情心』，更確實些應是『普遍的同情心』。……吾人試細按普遍的同情，其起源固由於『自愛』、『自憐』之擴大，但其根本思想乃是建築於一個極端的假設，這個假設就是『人是平等的』。平等觀念的由來，不是理性的，是情感的。重情感的浪漫主義者，因情感的驅使，乃不能不流為人道主義者。吾人反對人道主義的唯一理由，即是因為人道主義不是經過理性的選擇。同情是要的，但普遍的同情是要不得的。平等的觀念，在事實上是不可能的，在理論上也是不應該的。」⑫當同情心成為一種不是普遍的、不是可以用於任何物件身上的奢侈品的時候，文學所反映的情感也就不能是針對所有的人了。因此，梁實秋在《現代中國文學之浪漫的趨勢》一文中對五四時期熱衷於反映下層勞動者的淒慘的人生遭遇、對他們的生活狀態寄予深切同情的作品表現了極大的反感情緒，他揶揄道：

近年來新詩中產生了一個「人力車夫派」。這一派是專門為人力車夫抱不平，以為神聖的人力車夫被經濟制度壓迫過甚，同時又以為勞動是神聖的，覺得人力車夫值得讚美。其實人力車夫憑他的血汗賺錢糊口，也可以算得是誠實的生活，既沒有什麼可憐恤的，也沒有什麼可讚美的。但是悲天憫人的浪漫主義者，覺得人力車夫的生活可憐可敬可歌可泣，於是寫起詩來張口人力車夫，閉口人力車夫，普遍的同情心由人力車夫復施及于農夫、石匠、打鐵的、擡轎子的，以至於倚門賣笑的娼妓。

在梁實秋看來，這樣的同情無異於情感的浪費，是情感泛濫無遮的結果，運用到文學創作中，就成爲了一場缺乏任何文藝標準的混亂。

這樣的文藝思想延續到二十年代末，當左翼作家們提出文學當面向下層的勞動者，表現他們的生活和情感，反映他們的遭際和抗爭的時候，梁實秋作爲一個貴族文學的捍衛者，自然而然地成爲了一個普羅文學（無產階級文學）的反對者。

梁實秋對普羅文學的反對是以「人性論」和「天才論」爲出發點的。人性是普遍的、固定不變的，它是文學創作內涵的、本質的因素，文學當以反映這種帶有普遍意義的人性爲最終目的，當文學超越這種內在的質素，成爲某種社會存在的工具的時候，文學便喪失了它的本體性意義，成爲了一種膚淺的、表面化的追求，也便因此而失去了它本身的價值意義。所以，「假如『革命的文學』解釋做以文學爲革命的工具，那便是小看了文學的價值。」因爲「革命運動本是暫時的變態的，以文學的性質而限於『革命的』，是不啻以文學的固定的永久的價值縮減至暫時的變態的程度。」⑬革命文學的癥結之一便是把文學工具化、簡單化了，把時代的狂熱情緒當作了文學表現的中心，而忽視了人性的存在。因此，「只有較小的作家處在革命的時代便被狂熱的潮流挾以俱去，不能自持。」「革命運動僅能影響到較小的作家。」

抱著「天才論」的觀點，梁實秋在《文學與革命》中對普羅文學進行了另一番批駁，「一切的文明，都是極少數的天才的創造。科學，藝術，文學，宗教，哲學，文字，以及政治思想，社會制度，都是極少數的聰明才智過人的人所產生出來的。當然天才不是含有絲毫神聖的意味，天才也是基於人性的。天才之所以成為天才不過是因為他的天賦特別的厚些，眼光特別的遠些，理智特別的強些，感覺特別的敏些，一般民眾所不能感覺，所不能思解，所不能透視，所不能領悟的，天才偏偏的能。」所以，天才是高於大眾的，他們「是一般民眾所不能少的引導者」。在這樣的觀點前提下談論平等，他只能認為「平等是個很美的幻夢，但是不能實現的。」文學創作同樣如此，文學家是天才的一類，他們站在時代的前列，首先體察和感受到社會中所發生的一切，痛苦、黑暗以及虛偽，他們「永遠是民眾的非正式代表，不自覺的代表民眾的切身的苦痛與快樂，情思與傾向。……因為文學家是民眾的先知先覺，所以從歷史方面觀察，我們知道富有革命精神的文學，往往發現在實際的革命運動之前。革命前之『革命的文學』，才是人的心靈中的第一滴的心血，那是最眞摯的，最自然的。與其說先有革命，後有『革命的文學』，毋寧說是先有『革命的文學』，後有革命。」即便如此，文學家「所代表的那普遍的人性，一切人類的情思，對於民眾並不是負有什麼責任與義務，更不曾負著什麼改良生活的擔子。所以文學家的創造並不受著什麼外在的拘束，文學家的心目當中並不含有固定的階級觀念，更不含有爲某一階級謀利益的成見。」所以梁實秋認爲，只有「革命時期中的文學」，而沒有「革命文學」的說法，文學家不應爲時代所拘，不應俯就大衆，因爲「大多數就沒有文學，文學就不是大多數的」。

無疑，在梁實秋的文藝思想中，因爲對普遍人性(雖然它帶有很強的抽象意味)的強調，使他的文學觀更傾向于對文學本體意義的關注，從某種意義上說是符合文學發展的內在規律的，並因此而點中了當時左翼的革命文學派的某些弱點，但他對人性含義的抽象性和回復性理解、思想中所表現出的濃厚的貴族意識和將文學過分神聖化的思想傾向，卻使他的文學主張顯現出一種不合時宜的對時代的背離，其落後性也應該是不容懷疑的。

四、魯、梁之爭

在爭端紛起的中國現代文壇上，作家之間發生爭論似乎早已是司空見慣的事，但發生在魯迅和梁實秋之間的這場爭論卻因爲涉及了魯迅而變得分外引人注目，由於特定歷史的原因，它對一個作家的影響已遠非僅僅停留在不同文學觀的學術問題上。

紛爭的緣起是梁實秋在一九二七年十一月的《復旦旬報》創刊號上發表的一篇題爲《盧

梭論女子教育》的短文。在這篇文章中，梁實秋從他的「等級論」觀點出發，大肆宣傳貴族意識和尊卑觀念，他認爲人本來就是有尊卑和等級之別的，高雅的君子與粗俗的販夫走卒、天資穎慧的天才和愚蠢遲鈍的笨伯之間生來便存在著天壤之別，不能毫無區別地一視同「人」，如果這樣，「我覺得『人』字根本的該從字典裏永遠登出，或由政府下令永禁行使。因爲『人』字的意義太糊塗了。聰明絕頂的人，我們叫他做人，蠢笨如牛的人，也一樣叫人，弱不禁風的女子，叫做人，粗橫強大的男人，也叫做人，人裏面的三教九等，無一非人。」這樣明目張膽地對下層人表示蔑視自然引起了左翼作家們的不滿，魯迅立即在《語絲》上撰寫了《盧梭與胃口》一文予以反駁。從論爭的緣起看，我們今天不妨把它看作是一場學術上的討論和辯駁，但隨著論爭的深入，雙方的火藥味愈來愈濃，論爭的內容和性質也隨之發生了變化。

此後，梁實秋先後在《新月》上發表了《文學是有階級性的嗎？》、《文學與大衆》、《人性與階級性》以及《論魯迅先生的「硬譯」》等文章爲自己的觀點辯解。在《文學是有階級性的嗎？》中，他如此解釋道：

> 文學的國土是最寬泛的，在根本上和理論上沒有國界，更沒有階級的界限。一個資本家和一個勞動者，他們的不同的地方是有的，遺傳不同，教育不同，經濟的環境不同，

因之生活狀態也不同，但是他們還有同的地方。他們的人性並沒有兩樣，他們都感到生老病死的無常，他們都有愛的要求，他們都有憐憫和恐怖的情緒，他們都有倫常的觀念，他們有企求身心的愉快。文學就是表現這最基本的人性的藝術。無產階級的生活的苦痛固然值得描寫，但是這苦痛如其眞是深刻的必定不是屬於一個階級的。人生現象有許多方面都是超於階級的。……

用永恒不變的人性概念來反對人的階級性，梁實秋的觀點仍然是基於新人文主義的人性觀的。在寫於一九二八年的《論魯迅先生的「硬譯」》一文中，梁實秋再次向魯迅發出了挑戰：

……我私人的意思總認爲譯書第一個條件就是要令人看得懂，譯出來而令人看不懂，那不是白費讀者的時力嗎？曲譯誠然要不得，因爲對於原文太不忠實，把精華譯成了糟粕。但是一部書斷斷不會從頭至尾的完全曲譯，一頁上就是發現幾處曲譯的地方，究竟還有沒有曲譯的地方；並且部分的曲譯即使是錯誤，究竟也還給你一個錯誤，這個錯誤也許眞是害人無窮的，而你讀的時候究竟還落個爽快。死譯就不同了：死譯一定是從頭至尾的死譯，讀了等於不讀，枉費時間精力，況且犯曲譯的毛病的同時決不會犯死譯的毛病，而死譯者卻有時正不妨同時是曲譯。所以我認爲，曲譯固是我深惡痛絕的然而死譯之風也斷不可長！

字面上看這似乎是純粹的學術問題的討論，但梁實秋在後面的敘述中道出了自己寫作的眞正目的：

……魯迅先生前些年翻譯的文字，例如廚川白村的《苦悶的象徵》，還不是令人看不懂的東西，但是最近翻譯的書似乎改變風格了。

改變了什麼風格呢？梁實秋暗指的是魯迅當時正在翻譯《藝術論》、《文藝與批評》等蘇俄文藝理論著作。所以梁實秋此文的眞正目的仍在於「普羅文學」這一心中的死結。

對於梁實秋的論調，魯迅先後發表了《文學和出汗》、《「硬譯」與文學的階級性》、《「喪家的」「資本家的乏走狗」》予以回應，運用唯物史觀的階級觀點加以駁斥。在《文學和出汗》中，魯迅對「人性是永久不變的」觀點提出質疑：

類人猿，類猿人，原人，古人，今人，未來的人……，如果生物眞會進化，人性就不能永久不變。不說類猿人，就是原人的脾氣，我們大約就很難猜得著的，則我們的脾氣，恐怕未來的人也未必會明白。要寫永久不變的人性，實在難哪。

譬如出汗罷，我想，似乎于古有之，於今也有，將來一定暫時也還有，該可以算得較爲「永久不變的人性」了。然而「弱不禁風」的小姐出的是香汗，「蠢笨如牛」的工人出的是臭汗。不知道倘要做長留世上的文字，要充長留世上的文學家，是描寫香汗好呢，還是描寫臭汗好？

在《「硬譯」與文學的階級性》中，魯迅更是直截了當地指出：

> ……既然文明以資產爲基礎，窮人以竭力爬上去爲「有出息」，那麼，爬上是人生的要諦，富翁乃人類的至尊，文學也只要表現資產階級就夠了，又何必如此「過於富同情心」，一併包括「劣敗」的無產者？況且「人性」的「本身」，又怎樣表現的呢？……
> ……文學不借人，也無以表示「性」，一用人，而且還在階級社會裏，即斷不能免掉所屬的階級性，無需加以「束縛」，實乃出於必然。自然，「喜怒哀樂，人之情也」，然而窮人決無開交易所的懊惱，煤油大王那會知道北京檢煤渣老婆子身受的酸辛，饑區的災民，大約總不去種蘭花，像闊人的老太爺一樣，賈府的焦大，也不愛林妹妹的。……

人性作爲一種具有普遍意義的東西可以脫離具體的社會歷史而獨立地存在，且這樣的人性在任何人的身上都有所體現，在階級社會裏，一方面文學以表現這樣的人性爲宗旨，但另一方面文學卻又並不爲大多數人所擁有，梁實秋文學主張中的「人性論」與「天才論」之間本身便存在著自相矛盾之處。隨著人性概念的抽象性的面紗被層層揭開，梁實秋自己也有理屈詞窮的感覺。

而魯迅的《「喪家的」「資本家的乏走狗」》則是針對梁實秋發表在《新月》第二卷第

九期上的一篇《答魯迅先生》和《「資本家的走狗」》（此文是梁實秋為反擊馮乃超對他的批評而作）而寫的。在《答魯迅先生》一文中，有這樣一段話：「講我自己罷，革命我是不敢亂來的。在電燈杆子寫『武裝保衛蘇聯』我是不幹的，到報館門前敲碎一兩塊值五六百元的大塊玻璃我也是不幹的，現時我只能看看書寫寫文章。」

在《「資本家的走狗」》中，梁實秋直接把攻擊的目標指向了××黨：

> 我只知道不斷的勞動下去，便可以賺到錢來維持生計，至於如何可以到資本家的帳房去領英鎊，如何可以到××黨去領盧布，這一套本領，我可怎麼能知道呢！

對於這樣帶著暗諷和攻擊意味的話，魯迅終於按捺不住，於是在馮乃超用於稱呼梁實秋的「資本家的走狗」前又加上了兩個定語——「喪家的」、「乏」。爭論至此，雙方的情緒均已無法控制，在字裏行間實際上已經帶有了相互攻擊的意味，一場本來可能只是學術問題的爭論，進而發展至政治色彩很濃的思想論戰，從某種意義上說，這是一場悲劇。導致這樣結局產生的原因，這其中固然有人的因素在，但更主要的是時代的、社會的因素在起作用。這場論爭最後以梁實秋偃旗息鼓而告終，但其影響卻遠未隨著時間的流逝而消失。梁實秋在抗戰期間延安之行的被毛澤東拒絕以及大陸在一九四九年後在《毛澤東選集》中對梁實秋身份的定性性注釋⑭，均與此有著極大的關係。

梁實秋本人對此事似乎也一直是耿耿於懷，在他晚年接受丘彥明女士的採訪時這樣說過：

我與魯迅的論戰，實際上不成爲論戰，因爲論戰要有個題目，要有個範圍，魯迅沒有文學的主張，他沒有寫過一篇文章陳述他的文學思想。他也沒有明確的政治立場。除了一個主義之外，他批評遍了所有的政治思想。……魯迅思想，其實只是以尖酸刻薄的筆調表示他之「不滿於現狀」的態度而已。而單單的「不滿於現狀」卻不能構成爲一種思想。⑮

平心而論，梁實秋對魯迅的這樣評價顯然有失公允，但作爲一家之言，我們在閱讀時仍然能感受到言語間那難以釋解的火藥味。半個多世紀過去之後，依然積怨難消，從中我們也不難看出當年的這場論爭在梁實秋的心裏留下了多麼深刻的印記。

五、青島放遊

在上海生活的三年，身處中國文化活動的中心，某種程度上說爲梁實秋的文化事業的發展提供了一個難得的機遇，既使他結識了不少文化界的朋友，也讓他有機會一展身手，宣傳自己的文學主張，但成就的取得，也伴隨著許多令人煩惱之事，喧囂擾攘，難免使他對這樣的生活生出些厭倦之情。而上海那種大都市生活特有的緊張和喧鬧的環境更使偏愛清靜的他有不堪重負之感。恰在此時，楊振聲⑯因負責籌建青島大學，赴上海招攬人才，他與聞一多私交甚篤，經聞一多的介紹與梁實秋、沈從文等人相識之後，遂邀請聞一多、梁實秋和沈從文等人前往任教。楊振聲攬人的方式很特別，他告訴梁實秋等人：「上海不是居住的地方，講風景環境，青島是全國第一，你們不妨前去遊覽一次，如果中意，就留在那裏執教，如不滿意，決不勉強。」於是，一九三〇年的夏天，梁實秋一家在聞一多的陪同下，乘船赴青島遊覽參觀。

初至青島，梁實秋對這座城市的印象極好，在他的眼裏，青島與上海之間有天壤之別。青島沒有上海的吵鬧和塵囂，代之而來的是青山與碧水，特別到了夏季，宜人的氣候消解了上海那樣的溽暑，更給人一種寧靜從容的感覺，更難得的是青島的海灘，是消夏避暑的勝地，海風陣陣，令人神清氣爽，樂不思歸。選擇青島這樣一個地方作爲自己的歸宿，正是梁實秋求之而不得的。一九三〇年暑假過後，梁實秋攜家眷與聞一多、沈從文等人一道定居青島，成爲了青島大學的一名教授。

青島大學是新創建的，校址選在青島萬曆山麓，原爲德國的萬曆兵營。青島大學籌備委員會主任是大名鼎鼎的蔡元培，但實際上具體的事務都是楊振聲負責操作的，學校成立之後，楊振聲成爲第一任校長。梁實秋到任後被任命爲外文系主任兼學校圖書館館長，而聞一多則爲文學院院長兼中國文學系主任，成爲楊振聲的左膀右臂。

青島大學於一九三〇年十月二十一日正式開學，作爲外文系主任的梁實秋承擔的課務並不繁重，他教兩門課，一是「中國文學史」，另一門課是「文藝批評」，二者都在梁實秋的研究範圍之內，先前在上海又曾教授過，所以教起來駕輕就熟，頗感容易。但行政上的事情卻很雜亂，且因擔任圖書館館長的職務，學校創建伊始，要忙於購買圖書，籌建圖書館，所以奔波之苦實所難免，但好在心情較好，忙些反倒覺得充實。

在青島，梁實秋避開了令他焦頭爛額的論戰和筆仗，終於可以靜下心來，有點心情去享受生活的樂趣。梁實秋到了青島之後，在魚山路四號租了一棟房子，樓上樓下各四間，一家居住，綽綽有餘。房子離彙泉海灘很近，每逢夏季，一家人常常穿上泳裝，光顧此地，游泳，曬太陽，孩子們則帶上小鏟子，在沙灘上忙著堆沙子玩，老老少少，樂此不疲；有時他們坐車到棧橋，踏著長長的棧道，走到伸到海中的亭子裏去納涼消夏；春天到的時候，第一公園裏的櫻花開放，到處是花團錦簇，程季淑特別喜愛，那裏也成爲了他們遊玩的一大去處。

青島本是依山而建，但高山峻嶺卻極爲少見，唯一可以賞玩的是嶗山。山中群峰壁立，亂石崢嶸，清泉汩汩，繁蔭翳日，雖無什麼古跡遺痕，卻可以盡情歎賞大自然的鬼斧神工。不過陪同梁實秋去此處遊賞的少是家人，更多的卻是聞一多了。

遊山玩水固然可樂，但更大的樂趣是來自朋友之間的歡聚。當時青島大學聚集了不少原「新月」成員，另外經聞、梁等人援引而入的一些清華留學生也多是舊識，一時間校內校外風傳「新月派包辦青大」。朋友多了，又同在一處工作，聚會起來很容易，青島地處偏僻海隅，文化生活自然沒有上海那樣大都市多，好在青島靠近海邊，海鮮不少，地方雖小，飲食業並不輸於上海、北京等大都市，於是酒樓成了他們歡聚的好去處。下班之後，呼朋喚友，聚飲於酒樓，其樂也融融，倒也不失爲人生的一大樂趣。三天一小聚，五天一大飲，行令豁拳，三十斤花雕，一夕而罄。常在一起豪飲的共有八位，楊振聲、聞一多、趙太侔、鄧以蟄、沈從文、張道藩七名酒徒，外加一位「女史」方令孺，號稱「酒中八仙」。有時尙結伴遠行，近則濟南，遠則南京、北京，放言「酒壓膠濟一帶，拳打南北二京」，狂放之中，難掩自得之樂。

但身處亂世之秋，青島也不是一方「不知有漢，無論魏晉」的世外桃源。「九・一八」事變、「一・二八」抗戰相繼發生，內亂之上，又加外患，國內形勢驟然巨變；青大校園內的情況也日趨複雜，因種種事端引發起學潮疊起，並大有愈演愈烈之勢。

一九三〇年十一月，就在學校剛剛開學的時候，校方便發現有許多學生報考時用的是假文憑，經調查，全校一百二十多名學生中竟有一半屬此類情況。按學校的有關章程，校方宣佈凡是用假文憑考取的學生一律取消學籍。但學生們卻不服氣，他們認爲不論什麼情況，只要考上了，就證明有入學的資格，校方的做法是不合理的。於是，青大學生自治會應運而生，罷課的事也隨之而來了。

此事發生在青島大學建校開學之初，從長遠的角度考慮，校務會對此作出了很強硬的反應。爲了嚴肅校紀，校務會經研究決定：學生即行上課，學生自治會不合法，其議案無效。此決議一出，立刻引起軒然大波。此時學生內部也已分成兩派，一派組成了護校團竭力勸阻參加罷課的同學，雙方形成對峙的局面，最後是教務長張道藩（時任國民黨中央委員）令人打電話叫來了警察保安隊，方才平息了事態。在強力的彈壓下，學生方面作出了妥協，這次學潮的結果是三十餘名學生被開除出校，其中包括一些有眞文憑但在罷課活動中表現積極的學生。作爲學校的領導成員，聞一多和梁實秋在這次學潮中的立場是站在學校一方的，但事實上大家都知道，在這場學潮中眞正的主角是張道藩。

青大的第二次學潮發生在「九·一八」事變之後。一九三一年九月十八日，日本軍國主義者尋藉口侵入東三省，中華民族面臨著亡國滅種的危險，事變爆發後，在國人心中引起極大震動，平津大學生罷課南下，要求政府對日宣戰。這一風潮很快便蔓延至青島，十月一日，青大成立了反日救國會，聲援平津學生的正義之舉。此時，校方接南京教育部急電，令學校力阻學生南下情願，十一月三十日，青大反日救國會召開大會，會上楊振聲按照電令的意思，勸誡學生愛國不要超出學校的範圍，梁實秋也作了講話，向學生們解釋政府正向「國聯」申訴，並告訴學生今非昔比，請他們相信公理定能戰勝強權，「國聯」會還國人一個公道。

這樣的解釋和勸阻當然不能令激憤滿懷的學生們滿意，十二月二日，青島大學的一百七十九名學生置校方的阻攔於不顧，登上了南下的火車，於四日抵達南京，融入到各地學生組成的請願大軍之中。南下的學生離校後，校園暫時得以安靜下來，校務會開始坐下來討論事後的處理方案，楊振聲自認沒能執行教育部的命令，提出辭職(未果)；聞一多則對學生們的行爲甚爲反感，在校務會上慷慨陳辭，力主開除爲首鬧事的學生，認爲這是「揮淚斬馬謖」。梁實秋站在聞一多一邊，贊同他的意見。不過這個建議並沒有執行，後來將開除改爲了「記過」。

第三次學潮發生在一九三二年的春夏間，是由校方修改學則而引起的。這一年的四月，青島大學根據教育部的有關指示，對《青島大學學則》進行了修訂，其中「學生全學程有三種不及格或必修學程二種不及格者令其退學」一條，遭到學生們的強烈反對，因爲此條款明顯帶有針對上一年南下情願之嫌，當時有許多學生因南下而耽誤了學校的期末考試。六月，青大學生成立「非常學生自治會」，抵制「學分淘汰制」，十六日，非常學生自治會向學校提出五項正式要求，把這次學潮推向高潮。在這次學潮期間，楊振聲因赴南京催要經費未果而提出辭職，然後去了北京。楊振聲走後，在前兩次學潮中態度強硬的聞一多和梁實秋兩人成了學生們攻擊的主要目標。六月二十二日，學生舉行罷課，抵制該學期期末考試，校務會在做出先放假的決定的同時，將九名非常自治會的常委張榜開除。這一消息一傳出，學生們更加憤怒了，他們把所有的怨恨全都發洩到了聞一多和梁實秋的頭上，在校園內貼出了「驅逐不學無術的聞一多」的醒目標語。有一次，梁實秋與聞一多從一所教室前經過，無意中看到黑板上有一首詩：

聞一多，聞一多，

你一個月拿四百多，

一堂課五十分鐘

禁得住你呵幾呵？

還畫了一隻烏龜和一隻兔子，邊上寫著「聞一多與梁實秋」，看完後，聞一多很嚴肅地問梁實秋：「哪一個是我？」梁實秋答到：「任你選擇。」由五四時期的學生運動的參與者，轉而成爲學生運動批判的對象，今昔之比，眞是難以揣度他們兩人此時的心情。

罷課活動愈演愈烈，終致楊振聲離職，聞一多也帶著鬱悶的心情黯然離開了青島，受聘於母校清華大學，擔任中文系教授。七月，教育部決定解散青島大學，改組爲山東大學，由趙太侔任校長，梁實秋暑假後再回青島，仍任原職，但經歷了幾番風雨動蕩，朋友四散，梁實秋不復再有原來的那種心境，從此埋頭于教書學業之中，很少再去過問身外之事了。

梁實秋到青島之後，遠離了上海這個「是非之地」，青島清幽靜謐的環境漸漸撫平了梁實秋因論爭而激起的爭強好勝的性情，這時的梁實秋似乎對文學理論的探討和宣傳失去了興趣。在青島的幾年中梁實秋除了教學，幾乎沒有寫過文藝評論方面的文章。在文學上，卻因著一個機遇，梁實秋開始了貫穿他後半生的事業——翻譯《莎士比亞全集》。

一九三〇年底，中華教育文化基金會（美國庚款委員會）第六次年會議決成立編譯委員會，由胡適、張准出任正副委員長，後又聘請丁文江、徐志摩、陳寅恪、傅斯年、趙元任、聞一多、梁實秋、竺可楨等十三人爲委員會委員，下轄兩組：自然科學組和文史組。其中文史組的主要任務之一就是「選擇在世界文化史上曾發生重大影響之科學、哲學、文學等名著，聘請能手次第翻譯出版」。這一工作由胡適親自主持，成立了一個由聞一多、徐志摩、葉公超、陳源和梁實秋六人組成的莎士比亞全集翻譯委員會，聞一多任主任，計劃五年內完成此項工作。開始時大家都很積極，但因時局多變，在動蕩不安的生活中，大多數人未能做到持之以恒，一九三一年徐志摩因飛機失事去世之後，人手更顯不足，合譯計劃實在難以實現。

唯有梁實秋認定此項事業爲一極有裨益之工作，在合譯計劃流產之後，決定自己獨立承擔這一浩大工程，預計每年翻譯兩部沙翁劇作，這樣十八年後整個沙翁全集即可面市。在青島的四年，梁實秋把自己大量的業餘時間用於翻譯沙翁全集，至抗戰爆發前，共完成八部劇作的翻譯工作，一九三六年，商務印書館開始出版梁譯莎士比亞劇作，到一九三九年，相繼出版了《哈姆雷特》、《馬克白》、《李爾王》、《奧賽羅》、《威尼斯商人》、《如願》、《暴風雨》、《第十二夜》等八部譯作。

一九三四年（民國二十三年）夏，形單影隻的梁實秋離開了他喜歡之極的青島，回到了自己的故鄉北京。

六、故園回歸

梁實秋回北京是應胡適之邀，出任北京大學外文系主任一職。當時胡適在北京大學擔任文學院院長，協助校長蔣夢麟管理學校，在這一時期爲北大文學院招羅了不少人才，有周作人、劉復（半農）、徐志摩、梁實秋等人，他們被聘爲研究教授，享受的待遇高，主要的精力用於研究，課務並不多。

從一九二三年離開北京到一九三四年的返歸，梁實秋在外整整闖蕩了十一年，其間雖有時間回家採親小住，大多旋即而去，此時父母年事已高，戀子之情日重，此次能回北京，一是爲著朋友之邀，另外更主要的是能了卻自己贍養父母、陪伴父母安度晚年的願望。回到北京後，梁實秋重又住進了他所熟識的內務部街的大宅院裏，過上了大家庭的生活。北大教授的薪金很豐厚，維持一家人生活毫無問題，程季淑是個勤快能幹的人，溫厚平易，全家翕服，一家三代，大小十幾口，加上幾個傭工，所有的家務在她的操持下井井有條，消除了梁實秋許多後顧之憂。後院無憂，外無瑣事，梁實秋遂得以安下心來做他自己想做的事情。

從青島到北京，周圍的生活環境產生了很大的變化，北京雖然不再是國都，但作爲華北重鎮，特別是日軍侵佔東三省之後，華北成了直接面對日本軍國主義的前沿，平津也因之而成爲當時中國政治上最敏感的地區，處在這樣的環境之中，時時因現實的刺激而產生的強烈的對國家和社會的責任感使梁實秋很難成爲一個局外人而保持沈默。此時恰好他的舊友羅隆基在北京主編《北平晨報》，梁實秋經常應他之約爲《晨報》撰寫社論，分析時局，討論國事。

一九三五年，隨著《何梅協定》和《秦土協定》的簽定，華北的淪陷局面進一步深化，而這年十一月，「冀東防共自治委員會」——日本軍國主義者在關內扶持的第一個傀儡政權的正式成立，幾乎就意味著政府實際上承認了日本軍國主義在華北統治的合法性，華北局勢岌岌可危。但就在這個時候，國民黨政府卻秉著「攘外必先安內」的原則，下達了在華北取締一切抗日團體，禁止一切抗日活動的命令。此舉令國人甚爲憤怒，一九三五年十二月九日，在共產黨的策動下，北京爆發了又一次愛國的學生運動——「一二・九」運動，把平津地區乃至全國的抗日救亡運動推向了高潮。

在國人的愛國熱情和自己愛國心的驅動下，爲了使自己能更自由地發表對政事的觀點和態度，一九三五年十一月，梁實秋約同冰心、張東蓀、羅隆基等人斥資創辦了《自由評論》周刊。該周刊以鼓吹愛國、宣傳民主爲原則，主要刊登一些政治評論文章，同時也刊載一些學術、創作方面的文章，主要撰稿人除梁實秋之外，還有羅隆基，另外冰心、葉公超、李長之等人也經常在上面發表文章。由於《自由評論》雜誌針對性強，講求時效性（該刊對「一二・九」運動和一九三六年六月李宗仁、白崇禧發動的反蔣抗日的兩廣事件均做出了及時反應），更因爲它對國民黨政府妥協媚外國策犀利而嚴厲的批評，所以該刊創立不久，便成爲當時許多崇尚自由主義的愛國文人的言論園地，並很快在全國贏得了聲譽。

也許是受時勢的影響，梁實秋在《自由評論》上發表的文章措辭變得嚴厲了許多，他對國民黨政府在國難當頭之際採取的不抵抗政策多有譏諷，指責政府有負國人的抗日熱情，呼籲政府取締專制統治，精誠團結，帶領全國民衆奮起抗敵，抵禦外侮。而羅隆基的文字更是

「有過之而無不及」，對政府的批駁苛刻嚴厲，毫不留情。《自由評論》這份小小的雜誌在贏得時人喝彩的同時，也引起了當局的注意，曾有黨部要員差遣說客登門，希望梁實秋能停止對政府政策的批評，更有甚者借爲其祝壽之際，企圖用金錢來使其封筆。但梁實秋卻不爲所動，依然我行我素，置之於不顧。利誘不成，轉而求助於武力，一九三六年七、八月間，《自由評論》在南京、上海等地遭到查封，經銷該刊的書店被強令關閉，梁實秋聞悉憤怒異常，在該刊第三十七期的《編後記》中對政府所爲提出了嚴厲的質詢：

我們願正告各級政府當局：我們立在國民的立場，根據法律所賦予我們的言論出版自由的權利，懷著善意批評政治，研究學問，發表文藝，爲什麼硬派給我們一個「反動」的罪名？假如我們的刊物有干犯法紀的地方爲什麼不給我們以公開的審判？爲什麼不給我們以辯護的機會？

而在《自由評論》第四十期上，梁實秋一反向來對學生運動抱有抵觸情緒的常態，公開站出來爲倍受政府壓制和迫害的「一二・九」運動辯護：「學生救亡運動自然有它的價值，它雖然遭遇許多困難及惡意的指責，但它的光榮並不因之稍減。」《自由評論》苛利的言辭，使它成了當時許多政府官員的眼中釘，必欲先滅之而後快，再加以梁實秋與羅隆基之間漸有齟齬之處，《自由評論》在出完了第四十七期之後即宣告停刊。

《自由評論》爲梁實秋在國人心中贏得了彰顯的聲望，一九三七年六月，蔣介石、汪精衛二人聯名通過北平市市長秦德純邀請包括梁實秋在內的一批知名人士參加這年七月十五日在廬山召開的文化學術界知名人士座談會，梁實秋抱著一顆拯救國家於危難之中的赤誠之心，欣然前往。但就在各位代表先後趕赴廬山之際，一九三七年七月七日，「蘆溝橋事變」爆發，日本侵華戰爭全面展開。時時惦念著家人安危的梁實秋未等會議結束，便匆匆離開了廬山，回到北京。

是年七月二十八日，北京陷落，日本侵華戰爭第一次把梁實秋眞正地拋入了顛沛流離的避難生活之中。

【附註】

①據大陸學者陳子善先生新發現的史料，確證新月書店的發起人爲胡適、徐志摩、宋春舫、徐新六、張歆海、吳德生、張禹九、余上沅等十人，梁實秋的回憶文章中把潘光旦、聞一多、饒孟侃、劉英士等人誤作新月書店的創辦者，實爲記憶錯誤。詳見香港《明報月刊》第二七二期《關於新月派的史料》（陳子善）。另：在關於「新月」史實的敘述中，凡梁說與陳說有矛盾處，本書均採用陳說。

②梁實秋：《讀北平教育界同人宣言》。

③梁實秋：《文學的紀律》。

④梁實秋：《文學的紀律》。

⑤同上。

⑥同上。

⑦梁實秋：《現代文學論》。

⑧梁實秋：《豈有文章驚海內》。

⑨梁實秋：《我是怎麼開始寫文學評論的》。

⑩梁實秋：《文學是有階級性的嗎？》。

⑪梁實秋：《現代中國文學之浪漫的趨勢》。

⑫梁實秋：《現代中國文學之浪漫的趨勢》。

⑬梁實秋：《文學與革命》。

⑭在一九五三年所印行的《毛澤東選集》第三卷《在延安文藝座談會上的講話》一文的注釋中，對梁實秋作了這樣的認定：「梁實秋是反革命的國家社會黨的黨員。他在長時期中宣傳美國反動資產階級的文藝思想，堅持反對革命，咒罵革命文藝。」

⑮梁實秋：《豈有文章驚海內——答丘彥明女士問》，（臺北）《聯合文學》第三十一號（一九八七

年五月一日）。

⑯楊振聲（一八九〇年—一九五八年），字金甫，山東蓬萊人，北京大學國文系肄業，五四時期著有中篇小說《玉君》等。

第五章　避難川中

一、流　亡

梁實秋於戰火紛飛之中回到了家人的身邊，此時正逢日軍圍困北京的攻堅時刻，炮聲隆隆，市面上一片混亂，許多不願做亡國奴的人都在盤算著避難逃荒。七月二十七日，日軍向駐守北京的宋哲元部發起總攻擊，二十八日，北京淪陷。身陷危城的梁實秋聞之痛哭流涕。

北京陷落後沒幾天，梁實秋原來清華時的同學、現時的北大同事張忠紱來到梁實秋的家中，告訴梁實秋有消息說他們兩個人都已被列入日本特務機關的黑名單中，經兩人磋商，決定出走。情況緊急，梁實秋與家人說知此事之後，全家人都贊同他出去避一避，程季淑因爲她的母親年老體弱，要留下照顧，不能隨行，梁實秋只能孤身逃難。此一去拋妻別子，前途渺渺，凶吉未卜，梁實秋於黯然神傷之中立下遺囑，在第二天登上了開往天津的第一班列車。

烽火連天，交通多有不暢，短短的一段路竟然走了整整一天，火車在傍晚時分抵達天津。

到達天津後，梁實秋與十幾個在火車上不期而遇的學界朋友一起住進了法租界的帝國飯店，旋即又搬到了羅隆基、王右家的寓所暫住。本想在天津觀察一下事態發展情況再作打算，但不久後發生的一件事令他們緊張不安起來：當時天津有一份《益世報》（該報在平津失陷前一直主張抗日，羅隆基這時正任該報總編輯，梁實秋在青島時與該報也有聯繫），有一天《益世報》的總經理生寶堂去報館上班，在路過一座橋時被日本兵攔截逮捕，很快即遭槍殺。消息傳來，梁、羅二人知道天津亦非久留之地，於是兩人決定乘船繞道青島，然後經濟南轉赴南京向政府報到，共赴國難。

一路上倒還算是安穩，但到了南京看到的情形卻讓他們大失所望。此時南京已處於日軍空襲的範圍之內，時常有日機「光顧」，搞得人心浮動，無心正事。梁實秋他們在南京奔波了兩天，結果是梁實秋得到了教育部發給的二百元錢和一張岳陽丸號客輪的船票，讓他急速離開南京，到長沙待命。梁實秋無奈，只得在南京與羅隆基分手，登船赴命，各奔東西。

岳陽丸號經幾天航行，到達長沙，梁實秋與同船入湘的葉公超下榻于青年會。不久，北大同事樊逵羽也到了長沙，在韭菜園賃屋作爲北大辦事處，梁、葉二人遂遷入居住，成爲北大第一批南下避難的教授。這時教育部已經決定將搬遷的北大、清華和南開大學合併爲長沙臨時大學（即後來「西南聯合大學」的前身），但因南下師生行程各異，一時難以聚齊，先行到達的人只能滯留長沙靜候。在長沙的一個月裏，梁實秋他們整天無所事事，吃飯，抽煙，聊天，看報紙……同時還得惦記著身陷戰火之中的家人。此時南下的人陸續抵達，說起北京的情形，教授們俱各爲家人擔憂，於是大家出資湊錢，委託梁實秋和樊逵羽二人先後北歸，接取家眷。

梁實秋接受了如此重任之後，帶著衆人的殷切期望，間道抵達青島，然後乘輪船取道天津回北京，但船至煙臺附近時在船上發現「虎烈拉」（霍亂），到了天津後，日軍不許輪船進口，只能停泊在大沽口外，每天接受一次檢疫，這樣在海上被禁留了二十餘天，方才得以登岸。

上岸之後，投宿皇宮飯店，因要在天津等候後到的樊逵羽，不能即刻回北京。只得打電話給程季淑，讓她帶來棉衣等禦寒物件。亂世重逢，淒苦之情自不必說，雖只有幾個月的時間，卻有恍如隔世之感。程季淑在天津只逗留了一天，翌日即乘車趕回北京。

妻子走後，梁實秋又在天津閒呆了幾日，等樊逵羽到了之後，方始返回北京省親。本預計此次可以舉家南遷，但仍因程季淑母親年高，經不住長途跋涉，而程季淑又不忍捨母而去，於是還是決定梁實秋一人隻身返回後方。亂世離情，殊爲不忍，這一次梁實秋在北京停留了幾個月，一來陪伴妻兒，二爲盡孝子之心。但形勢的發展總不能如願，一九三八年五月十九日，徐州會戰結束，日軍攻克徐州，日僞政權強迫市民懸旗慶賀，梁實秋深感「忍無可忍」，決定即日起程。

就這樣，梁實秋重又孑然一身，登程上路。此次返回後方，使梁實秋與家人闊別了六年，六年之中，梁實秋與妻兒老小只能隔山相望，直至一九四四年，程季淑在母親去世之後，帶著孩子歷盡千辛萬苦，跋山涉水趕至北碚，一家人才得以團聚。

一九三八年七月，國民參政會在漢口成立，梁實秋被推選爲參政員，需前往報到。尚在途中的梁實秋聞知這一消息後，即刻從青島直抵香港，然後從香港飛回漢口。參政會名爲「參政」，但實際上除了開會，並無多少實事可做，在那裏，梁實秋遇見了曾在青島大學共過事的張道藩。張道藩此時任國民政府教育部次長，因國民政府的遷徙，也在漢口辦公。張道藩告訴梁實秋，因武漢局勢不容樂觀，政府不久將遷往重慶，教育部正在籌劃成立「中小學教科用書編輯委員會」，下設總務、中小學教科書、青年讀物和民衆讀物四組，其中中小學教科書的編寫工作特別繁重，希望梁實秋出任教科書組主任，組織編寫包括文、史、地、公民四科在內的教科書一套，以備戰時後方教學之用。並聘派曾擔任過南京中學校長的李清悚爲他的副手。梁實秋左右無事，又有專家相助，於是便應允下來。

一九三八年夏，梁實秋隨機關一起到了重慶。初到重慶之時，梁實秋與他的朋友余上沅夫婦同住，後在他們寓所的樓下租借了一間房，但由於地勢低下，甚爲潮濕，碰上下雨，則更是難以應付，所以不久又搬至臨江門中國旅行社招待所賃屋長住。此時清華舊友吳景超、龔業雅夫婦住在戴家巷二號，相距咫尺，梁實秋無事之時常到他們家裏吃飯，閒聊。

但在重慶的安穩日子也沒有太久，武漢失守後，川中也不安寧起來，特別是重慶，作爲國民黨的後方陪都，成爲日軍飛機的重要轟炸目標。爲了免遭大的損失，政府決定疏散各機關。教育部遷到青木關，梁實秋他們則被安排在離青木關不遠的北碚。顛沛流離的流浪生活至此算是告一段落，從此梁實秋開始了在北碚長達八年的生活。

二、「與抗戰無關」論

在北碚安住下來之後，梁實秋過了一段安閒清靜的生活，雖然掛著編寫組主任的頭銜，實際上具體事務大多由副主任李清悚負責。但在這閒適的環境之中，梁實秋怎麼也料想不到又一場文壇禍事正悄悄地降臨到了他的頭上。

這個時候，程滄波正接手主管《中央日報》，人手奇缺，於是約請梁實秋主編日報副刊《平明》。《中央日報》是國民黨政府機關報，能聘請梁實秋這樣一個非國民黨員的人擔任這樣的職務，在梁實秋看來，無異于委之重任，另外此時梁實秋對政府的看法也有了較大轉變，不再如先前那樣激進，盛情難卻之下，梁實秋接下了這一差事。一九三八年十二月一日，梁實秋正式接編《平明》副刊，在首期的《編者的話》中，寫下了這樣一段話：

報館當局看我現在還有一點空閒，教我來編副刊。照例應該說兩句話。副刊，一個人編是一種樣子，各人的手法眼光不同。我編副刊不只一次，總覺得若編得使自己滿意是很困難的。要別人滿意就更不必說。主要的困難是好的稿子太少。沒有好的稿子，編者是沒有辦法的。編者自己不能天天動筆寫文字，寫出來也未必就好。當然所謂好與不好，這標準只好憑編者的眼睛來定。這一對眼睛也許是明察秋毫，也許乾脆是瞎的，但也只好如此。報館的人請副刊編輯是用什麼眼光，我不知道，我揣測報館請人編副刊總不免是以爲某某人有「拉稿」的能力。編而至於要「拉」，則好稿之來，其難可知。這個「拉」即是「拉夫」之「拉」，其費手腳，其不討好而且招怨，亦可想而知。拉稿能力較大者即是平夙交遊較廣的人。我老實承認，我的交遊不廣，所謂「文壇」我根本不知其坐落何處，至於「文壇」上誰是盟主，誰是大將，我更是茫然。所以要想拉名家的稿子來給我撐場面，我未嘗無此想，而實無此能力。我的朋友中也有能寫點文章的，我當然要特別的請他們供給一點稿子，但不是「拉」，我不「拉」。

自己既不能寫，又不能「拉」，然則此後副刊的稿件將靠誰呢？靠諸位讀者。

讀者諸君，你們花錢看報，看到我們這一欄，若是認爲不好，你們有權利表示不滿。但是我想，廣大的讀者是散佈在各地方各階層裏的，各有各的專長，各有各的經驗，各有各的作風，假如你們用一些工夫寫點文章惠寄我們，那豈不是充實本刊內容最有效的方法麼？選擇編排是我的事，稿件的主要來源卻不能不靠讀者的贊助。我們希望讀者不要永遠做讀者，讓這小篇幅做爲讀者公共發表文字的場所。

文字的性質並不拘定。不過我也有幾點意見。現在抗戰高於一切，所有的人一下筆就忘不了抗戰。我的意見稍微不同。於抗戰有關的材料，我們最爲歡迎，但是與抗戰無關的材料，只要眞實流暢，也是好的，不必勉強把抗戰截搭上去，至於空洞的「抗戰八股」，那是對誰都沒有益處的。此其一。長篇的文章，在日報的副刊裏是不很相宜的，所以希望大家多寄一些短的文字，不過兩千字最好。並且我有一個信念，以爲文章寧簡短，勿冗長，我想在提倡「節約」運動的時候，大家一定也贊成。此其二。稿子寄來，我準細心看；若不登，附有郵票者準寄還；若登得慢，別催。此其三。

這本是一篇爲徵集稿件而作的文字，但不知何故，梁實秋的文中卻明顯包含著一股不平之氣，其中對文壇何處、霸主何人的譏刺，肯定讓當時的許多人看了感覺不舒服，更何況在當時舉國上下都把「文藝爲抗戰服務」奉爲宗旨的大潮之中，他忽然叫出了「與抗戰無關的材料，只要眞實流暢，也是好的」這樣的口號來，無異於授人以柄，令當時的文藝界，特別是在二、三十年代就與他結下「梁子」的左翼作家們極度反感，於是，此文一發出，立刻引起了反應。

一九三八年十二月五日，即梁實秋的文章見報的第五天，重慶《大公報》上就刊出了羅蓀的文章《「與抗戰無關」》，對梁實秋的觀點加以批駁，他認爲：「……這次戰爭已然成爲中華民族生死存亡的主要樞紐，它波及到的地方，已不僅限於通都大邑，它已擴大到達於中國底每一個纖微，影響之廣，可以說是歷史所無，在這種情況下，想令人緊閉了眼睛，裝做看不見，幾乎是不可能的事情。」所以：

某先生希望寫文章的人，不必一定「一下筆就忘不了抗戰」，盡可以找「與抗戰無關的材料」，但又要求「要眞實」。……依我拙笨的想法也實在還不容易，除非他把「眞實」丟開，硬關在自己的客廳裏去幻想吧，然而假使此公原來是住在德國式的建築裏面的，而現在「硬是」關在重慶的中國古老的建築物裏面，我想，他也不能不想到，即使是住房子，也還是與抗戰有關的。……

在今日的中國，想要找「與抗戰無關」的材料，縱然不是奇蹟，也眞是超等天才了。

梁實秋見到此文後，立即於次日（十二月六日）在《平明》上發表了一篇同名文章，爲自己辯護。此文不長，在此全文摘錄下來，以供讀者看個明白：

昨天《大公報》副刊載有羅蓀先生的一段文字，標題是《與抗戰無關》。題目很「新鮮」，所以我看下去了。內容是反駁十二月一日我在本刊所寫的一段《編者的話》中的一節。這一節的原文是——「現在抗戰高於一切，所以有人一下筆就忘不了抗戰，我的意見稍為不同。於抗戰有關的材料，我們最為歡迎，但是與抗戰無關的材料，只要眞實流暢，也是好的，不必勉強把抗戰截搭上去。至於空洞的『抗戰八股』，那是對誰都沒有益處的。」這一節原文也被羅蓀先生引錄了，但是承他的情，他沒有寫出我的姓名，只稱「某先生」，「此公」。

羅蓀先生對於這一節表示了不滿，他說我是「正如賭場上的壓冷門」而且是「壓空了的」。編一個副刊，原來和上賭場可以相提並論，我實在沒有料到。並且我沒有上過賭場，何謂冷門，何謂熱門，我也不懂。不過若說我有意「投人所好」，那是沒有的事；假如我要「投人所好」，我何嘗不會寫羅蓀先生那樣的文字？

我已經明白的說「與抗戰有關的材料，我們最為歡迎」，所以羅蓀先生所挑剔的不過是說「一個作者既忠於眞實而又要找尋與抗戰無關的材料」是「不容易」而已。其實誰說「容易」來的？與抗戰有關的材料，若要寫得好，也是「不容易」的，據我看，只有兩種文字寫起來容易，那就是只知依附於某一種風氣而摭拾一些名詞湊成篇的「抗戰八股」，以及不負責任的攻擊別人的說幾句自以爲俏皮的雜感文。

我可以再敬告讀者：

(一)於抗戰有關的材料，我們最爲歡迎。

(二)於抗戰無關的材料，只要眞實流暢，也是好的。

我相信人生中有許多材料可寫，而那些材料不必限於「與抗戰有關」的。譬如說吧，在重慶住房子的問題，像是與抗戰有關了，然而也不盡然，眞感覺到成問題的只是像我們這般不貧不富的人而已。眞窮的人在不抗戰時也是沒有房子住的，眞富的人現在仍然住的是洋樓大廈，其富麗不下於他們的南京上海的住宅。

講到我自己原來住的是什麼樣子的房子，現在住的是什麼樣的房子，這是我個人的私事。不過也很有趣，不日我要寫一篇文字專寫這一件事。但是我現在要聲明，羅蓀先生的幻想是與事實不符的，他說我（即「此公」）「原來是住在德國式的建築裏面的，而現在硬是關在重慶的中國式的古老的建築裏面」，事實恰好相反。什麼是「德國式建築」？重慶還有「古老的建築」麼？我都不敢回答。有一點我要說穿：羅蓀先生硬說我原來是住在德國式建築裏面，這是要坐實我是屬於該打倒的那一個階級。這種筆法我領教過多次，十年前就有自命爲左翼作家的一位在一個《萌芽月刊》裏說梁實秋到學校去授課是坐一輛自用的黑色的內有絲絨靠墊的汽車。其實是活見鬼！羅蓀先生的這一筆，不高明。在理論上辯駁是有益的事，我也樂於參加，若涉及私人的無聊的攻擊或惡意的挑撥，我不願常常奉陪。

梁實秋此文的火藥味自是不弱，甚至相當於指名道姓地將自己的矛頭指向了左翼作家，所以他的辯解不僅沒有引起其他人的理解，反而招致了更加猛烈的抨擊。一時間，左翼作家們如茅盾、郭沫若、胡風、羅蓀、張天翼、宋之的、巴人、陳白塵等人紛紛撰文批判梁實秋的言論。此次論戰，梁實秋是眞正的「孤軍奮戰」，在長達四個月的論戰中，刊發批駁梁實秋言論文章的報刊涉及到《抗戰文藝》、《文藝月刊》、《文藝陣地》、《讀書月報》、《新蜀報》、《新民報》、《國民公報》、《大公報》、《時事新報》、《新華日報》、《雲南日報》、《魯迅風》、《文匯報》等十數家，地方遍及重慶、昆明、桂林、上海孤島和香港等地，撰文的作家除了左翼作家而外，連老舍、張恨水這樣的自由論者也參與其中。

時任「中華全國文藝界抗敵協會」總務部主任的老舍在一九三八年十二月底代表「文協」給《中央日報》的「公開信」(此信因當時「文協」理事張道藩的干預，報社未予發表)中，對該報發表梁實秋「挑釁性」和有違抗戰宗旨的言論提出了強烈抗議，並對梁實秋的觀點進行嚴厲批駁：

……梁實秋先生之《編者的話》中，竟有不知文壇坐落何處，大將盟主是誰等語，態度輕佻，出語儇薄，為抗戰以來文藝刊物上所僅見。……今日之事，團結唯恐不堅，何堪再事挑撥離間，如梁實秋先生所言者？貴報用人，權有所在，本會無從過問。梁實秋先生個人行為，有自由之權，本會也無從干涉。唯對於「文壇坐落何處」等語居心設詞，實未敢一笑置之。在梁實秋先生個人，容或因一時逞才，蔑視一切，暫忘團結之重要，獨蹈文人相輕之陋習，本會不欲加以指斥。不過，此種玩弄筆墨之風氣一開，則以文藝為兒戲者流，行將盈篇累牘爭為交相誶詬之文字，破壞抗戰以來一致對外之文風，有礙抗戰文藝之發展，關係甚重……

在這樣急風暴雨般的抨擊之下，梁實秋實在招架不住。只好在一九三九年四月一日，在《平明》上發表《梁實秋告辭》，離開只坐了五個月的《中央日報》副刊主編之位。

對於這場論戰的是是非非，歷來眾說紛紜，有攻擊，有不平。從文學的本體性角度來看，梁實秋的提法無疑有其合理之處，把文學等同於工具，這不僅是梁實秋歷來反對的，從公理上來說，也違背了文學自身的運作規律，有悖於文學的本體性要求。何況當時的文藝創作中確實存在「抗戰八股」的弊病，這一點連當時的一些左翼作家（如茅盾、周揚、羅蓀等）也不否認，並曾提出批評。但梁實秋的失誤便在於在那樣一個極爲特殊的環境中提出了這樣一個不合時宜的主張。大敵當前，國破家亡之際，在報刊上過多地登載一些與之無關的文章不能不令人有消磨意志之虞，更何況在這場論戰中還夾雜著個人意氣的因素呢。

時至今日，當它已經成爲歷史的時候，再回過頭來看它，也許當年這場論戰的親歷者——大陸作家柯靈的評價要顯得公允一些：

平心而論，鬧點情緒，說兩句怪話，原不是什麼了不起的大事。這一席話之所以爆發爲一場軒然大波，原因不難理解。梁實秋一直是左翼文壇的論敵，雖然到了應該一致對外的抗戰時期，看來彼此都沒有消除宿怨，說這番話的又是國民黨的《中央日報》。但如果撇開這些政治、歷史和心理因素，完整地理解前面引述的那段文字（即梁文中關於「與抗戰無關」的話——引者注），卻無論怎麼推敲，也不能說它有什麼原則性錯誤。把這段文字孤立起來，演繹爲「抗戰無關論」或「要求無關抗戰的文字」，要不是隻眼見事，不免有曲解的嫌疑。①

三、「雅舍」與《雅舍小品》

「告辭」了文壇的梁實秋再次一個人靜坐在他在北碚的寓所中，經過這一番折騰，筋疲力盡的梁實秋確實感到有些心灰意懶。他似乎已眞的下定了「告辭」的決心，從此與文壇上的恩恩怨怨再也沒有什麼過多的糾葛，一個人平心靜氣地在北碚過起了他半隱居式的鄉間生活。

北碚位於嘉陵江右岸，距重慶不遠，離教育部所在地青木關也很近，均有汽車可通，交通很是便利。當時疏散在北碚的機關多是些與文教相關的單位，如南京師範學校、地理研究所、國立禮樂館、國立編譯館和國立戲劇專科學校等。在這些單位中梁實秋有不少老朋友，加上一些新結識的人，新朋舊友聚集一處，常常聚飲唱和，閒聊對弈，使梁實秋在北碚的孤身生活過得並不太寂寞。

初到北碚之時，梁實秋主要負責領導組織中小學教材的編寫工作，具體事務並不多。一九四〇年，隨著國立編譯館遷入北碚，他所在的教育部中小學教科用書編輯委員會併入編譯館，梁實秋在負責教材編寫組工作的同時，又兼管編譯館社會組和翻譯委員會，事務才漸漸變得繁重起來。

初到北碚，梁實秋住在編委會辦公室的三樓，後因慮及要在北碚長住，遂與吳景超、龔業雅夫婦合買了一棟於一小山坡上新建的房子。因沒有門牌，於投遞不便，於是用梁實秋的建議，取龔業雅的名字，稱作「雅舍」。對於當年「雅舍」的情形，熟之者莫過梁實秋自己，他在《雅舍小品》的第一篇《雅舍》中這樣描述「雅舍」及自己身居其中的心境：

……這「雅舍」，我初來時僅求其能蔽風雨，並不敢存奢望，現在住了兩個多月，我的好感油然而生。雖然我已漸漸感覺它是並不能蔽風雨，因爲有窗而無玻璃，風來則洞若涼亭，有瓦而空隙不少，雨來則滲如滴漏。縱然不能蔽風雨，「雅舍」還是自有它的個性。有個性就可愛。

「雅舍」的位置在半山腰，下距馬路約有七八十層的土階。前面是阡陌螺旋的稻田。再遠望過去是幾抹蔥翠的遠山，旁邊有高粱地，有竹林，有水池，有糞坑，後面是荒僻的榛莽未除的土山坡。若說地點荒涼，則月明之夕，或風雨之日，亦常有客到，大抵好友不嫌路遠，路遠乃見情誼。客來則先爬幾十級的土階，進得屋來仍須上坡，因爲屋內地板乃依山勢而鋪，一面高，一面低，坡度甚大，客來無不驚歎，我則久而安之，每日由書房走到飯廳是上坡，飯後鼓腹而出是下坡，亦不覺有大不便處。

「雅舍」共是六間，我居其二。篦牆不固，門窗不嚴，故我與鄰人彼此均可互通聲息。鄰人轟飲作樂，咿唔詩章，喁喁細語，以及鼾聲，噴嚏聲，吮湯聲，撕紙聲，脫皮鞋聲，均隨時由門窗戶壁的隙處蕩漾而來，破我岑寂。入夜則鼠子瞰燈，才一合眼，鼠子便自由行動，或搬核桃在地板上順坡而下，或吸燈油而推翻燭臺，或攀援而上帳頂，或在門框桌腳上磨牙，使得人不得安枕。但是對於鼠子，我很慚愧的承認，我「沒有法子」。「沒有法子」一語是被外國人常常引用著的，以爲這話最足代表中國人的懶惰隱忍的態度。其實我的對付鼠子並不懶惰。窗上糊紙，紙一戳就破；門戶關緊，而相鼠有牙，一陣咬便是一個洞洞。試問還有什麼法子？洋鬼子住到「雅舍」裏，不也是「沒有法子」？比鼠子更騷擾的是蚊子。「雅舍」的蚊風之盛，是我前所未見的。「聚蚊成雷」眞有其事！每當黃昏的時候，滿屋裏磕頭碰腦的全是蚊子，又黑又大，骨骼都像是硬的。在別處蚊子早已肅清的時候，在「雅舍」則格外猖獗，來客偶不留心，則兩腿傷處累累隆起如玉蜀黍，但是我仍安之。冬天一到，蚊子自然絕跡，明年夏天——誰知道我還是住在「雅舍」！

「雅舍」最宜月夜——地勢較高，得月較先。看山頭吐月，紅盤乍湧，一霎間，清光四射，天空皎潔，四野無聲，微聞犬吠，坐客無不悄然！舍前有兩株梨樹，等到月升中天，清光從樹間篩灑而下，地上陰影斑斕，此時尤爲幽絕。直到興闌人散，歸房就寢，月光仍然逼進窗來，助我凄涼。細雨濛濛之際，「雅舍」亦復有趣。推窗展望，儼然米氏章法，若雲若霧，一片瀰漫。但若大雨滂沱，我就又惶悚不安了，屋頂濕印到處都有，起初如碗大，俄而擴大如盆，繼則滴水乃不絕，終乃屋頂灰泥突然崩裂，如奇葩初綻，砉然一聲而泥水下注，此刻滿室狼藉，搶救無及。此種經驗，已數見不鮮。

「雅舍」之陳設，只當得簡樸二字，但灑掃拂拭，不使有纖塵。我非顯要，故名公巨卿之照片不得入我室；我非牙醫，故無博士文憑張掛壁間；我不業理髮，故絲織西湖十景以及電影明星之照片亦均不能張我四壁。我有一几一椅一榻，酣睡寫讀，均已有著，我亦不復他求。但是陳設雖簡，我卻喜歡翻新佈置。西人常常譏笑婦人喜歡變更桌椅位置，以爲這是婦人天性喜變之一徵。誣否且不論，我是喜歡改變的。中國舊式家庭，陳設千篇一律，正廳上是一條案，前面一張八仙桌，一邊一把靠椅，兩旁是兩把靠椅夾一隻茶几。我以爲陳設宜求疏落參差之致，最忌排偶。「雅舍」所有，毫無新奇，但一物一事之安排佈置俱不從俗。人入我室，即知此是我室。笠翁閒情偶寄之所論，正合我意。

……

室陋而德馨，安居於「雅舍」中的梁實秋似乎成了一位素舉清行、隱居無欲的謙謙君子，眞正過上了一種與世無爭的生活。

「雅舍」地僻而簡陋，但並不妨礙它成爲歡聚的場所。「雅舍」之中，常常是賓朋滿座，勝友如雲。往來者，多是些文墨中人，琴棋書畫，各有所好，大家相聚於陋室之中，詩酒聯歡，於清淡的生涯之中，亦可謂平生之快意處。

提起梁實秋的「雅舍」生活，不可不提及他的《雅舍小品》，雖然梁實秋此前也曾在新月書店出版過《罵人的藝術》一書，但眞正奠定了他在文學史上散文大師地位的卻是《雅舍小品》。一九四〇年，劉英士在他主辦的《星期評論》上，爲梁實秋闢了一個專欄，言明每期一篇，每篇兩千字左右，於是有了《雅舍小品》的開始。一九四一年十一月，《雅舍小品》中的文章開始在《星期評論》上載出，署名「子佳」，但並非每期一篇，而是時有間隔。後來《星期評論》停刊後，梁實秋仍沒有停止《雅舍小品》的寫作，後來又相繼刊載于重慶《時與潮》副刊、南京《世紀評論》和天津《益世報·星期小品》等報刊上。抗戰勝利後回到北京，梁實秋將這些文章輯錄成爲一冊，請龔業雅作序，名之爲《雅舍小品》，交由商務印書館印行，但清樣出來後，適逢國內戰亂，物價飛漲而無法印行面市，直至一九四九年梁實秋到臺灣之後，才由正中書局編印出版。

梁實秋是主張文學描寫普遍的、永久不變的「人性」的。觀《雅舍小品》，恰如龔業雅在序言中所言：「『與抗戰有關的』他不會寫，也不需要他來寫。」《雅舍小品》雖作於戰火紛飛的年月，但從中卻聞嗅不到一點硝煙的味道，撇開了具體的社會歷史的情境，《雅舍小品》走上了開掘「人性」的道路上去了。於是，從孩子到男人、女人，由寄信到生病，談雞說狗，握手下棋……人世百態，苦辣酸甜，樂趣與煩惱，同情和鄙薄，全都躍然紙上。對於這些是否可以稱做梁實秋所說的「人性」，我們姑且不論，可以肯定的是這樣的主張確實爲梁實秋的散文選擇了一種與衆不同的風格。

《談散文》是梁實秋在一九二八年十月在《新月》第一卷第八期上發表的一篇短文，是梁實秋一生中少有的專章論述散文理論的文章，雖然此文的發表距《雅舍小品》的寫作有十餘年之久，但把它作爲一個評價梁實秋散文的標準，我們認爲仍不失爲是一個較爲恰當的選擇。

在《談散文》中，梁實秋提出了「散文的美，美在適當」這樣的命題。何爲「適當」？首先散文需得「簡單」，要捨得「割愛」，「簡單」是散文的最高理想；其次是要有「高超的文調」，即在藝術紀律的約束和規範下，使「文調」趨於「雅潔」的境界。有了高超雅潔的文調，配以高超的思想，這樣的散文「才是完善」。

《雅舍小品》中是否有高超的思想，這是一個值得存疑的問題。但「簡單」與「雅潔」確乎便是它在藝術上的最大特徵。

讀《雅舍小品》，每篇不過兩千字左右，堪稱「簡單」，其中原因固有受專欄篇幅所限的因素，更有作者在藝術上刻意追求的緣故。文章短小，意備則宜，不求其長，但求其精，遴選日常生活中的所見所聞，娓娓道來，評「人性」之美醜，敘人生之感悟，恰所謂「微言中的」，不經意間時時閃爍出睿智、靈敏的火花，於短小中透出精闢的藝術品質。譬如其中《狗》之一章，內中寫到狗之倡狂，郵差一至，便對之狂吠咆哮，嚇得郵差「蹣跚而逸」，主人見狀，拊掌大笑，「我」頓有所悟：

別人的狼狽永遠是一件可笑的事，被狗所困的人是和踏在香蕉皮上面跌交的人同樣的可笑。養狗的目的就要他咬人，至少作吃人狀。這就是等於養雞是爲要他生蛋一樣，假如一隻狗像一隻貓一樣，整天曬太陽睡覺，客人來便咪咪叫兩聲，然後逡巡而去，我想不但主人慚愧，客人也要驚訝。

寥寥幾筆，寫盡了「人性」中醜陋鄙俗的一面，在誘發出讀者會心微笑的同時，更留下了此許發人深思的餘地。

文調的雅潔高超，是梁實秋散文的另一大追求。雅者，雅致；潔者，清明。求「雅」，則不能鋒芒畢露，無所忌憚，所以「嬉笑怒罵」這樣的筆法與梁實秋散文格格不入，「引車賣漿之流的語氣，和村婦罵街的口吻」更是與之無緣。在《雅舍小品》中的許多文章裏，梁實秋的文意不在宣揚「人性」之美，而在批露現實生活中「人性」醜陋低下的一端，既然不能以「嬉笑怒罵」爲之，便只能轉而求之於嘲諷和揶揄，在理智的克制之下，形成了梁實秋散文「戲而不謔」的幽默風格。中國傳統文化中「溫柔敦厚」的詩教精義，梁實秋的散文可謂得之。行文求「雅」，並不意味著挖空心思，去尋求一些艱澀、偏僻的詞語和典故，使文章文意變得詰曲聱牙，令人費解。用簡單淺顯的詞句，不作勉強雕飾的妝點，照樣可以創造出光明透亮、自然活潑的文調；用古典的文字，也務求其明白曉暢，同時不奪其古老的斑爛，字裏行間充滿了古色古香的情調，此之謂「潔」。通曉之處不乏雅致的情調，雅而能潔，潔中有雅，這是《雅舍小品》的妙處。

但這時的梁實秋是把理性當作文學的第一要義的，情感常常成爲他排斥的物件，在《談散文》中，他把情感的因素與文調的追求對立起來：「情感的滲入，一方面固然可以救散文生硬冷酷之弊，在另一方面也足以啓出恣肆粗陋的缺點。」讀《雅舍小品》中的文章，我們也不難體會得到爲了追求「適當」，作者時時不忘用理智的強悍力量去壓抑情感的自然流露。由之而形成的《雅舍小品》的缺陷，謂之「生硬冷酷」可能太過，但文調上的過於劃一單調，卻是不爭的。所以，讀之一、二篇則欣然可喜，但如想在一時間內卒讀，則不免會令人生出幾分厭煩之感。依筆者看來，梁實秋散文創作的高峰當是出現在他到臺灣以後所寫的作品，在延續了《雅舍小品》中的諸多好處的同時，雖仍不忘理性上的克制，但畢竟少了幾分強悍之力，對古人和往事的眷戀與緬懷，自然而然地隨意而出，濃濃的深情，力透紙背；筆法上也變得搖曳多姿，觸動人處，時時而現。如《槐園夢憶》、《談聞一多》等，它們當是梁實秋散文中的上乘之品。

一九四四年夏，程季淑帶著三個孩子歷盡艱辛，抵達北碚。從此，「雅舍」不再寂寞，於以往的諸多樂趣之外，更增添了幾分和融的氛圍。數載的「雅舍」生涯，使梁實秋產生了割捨不斷的「雅舍」情結，十餘年後，當梁實秋在臺北重新築屋定居時，仍以「雅舍」名之。

五、從北京到臺北

一九四五年（民國三十四年）八月九日，日本天皇向全世界宣佈了日本無條件投降的文告，飽受戰火蹂躪的中華大地又一次獲得了新生。飄零了八載的梁實秋也因此了卻了倍嘗酸辛的流亡之苦，「白日放歌須縱酒，青春做伴好還鄉」，雖無青春相伴，但企盼還鄉的心情卻活脫脫如當年杜甫所記。

戰亂方息，回歸的交通工具異常緊張，不敷使用，得其先機者當然是那些享有特權的豪門巨賈們。因此，梁實秋一家在抗戰結束後又在四川滯留了一年，至一九四六年秋才有機會搭乘國民參議會的專輪駛抵南京。此時，國共之間的第二次戰爭業已爆發，舊傷未撫，戰火重燃，梁實秋的未來命運將會是什麼呢？

到了南京之後，梁實秋一家擠住在國立編譯館的一間辦公室裏，搭夥包飯，地方太小，孩子們只能睡地鋪。當時也有人想留梁實秋在南京工作，但他感覺南京的氣氛有些不對，在與程季淑商量後，覺得還是離開政治遠一點，回北京繼續教書，過自己安穩清靜的日子。於是一家人找了一個藉口離開了南京，從上海乘飛機回到了北京。闊別八載，重回家園，梁家大院的情景早已今非昔比，院中的野草竟高與人齊，撞入眼中，不由得在梁實秋的胸中掀起陣陣淒涼；所幸父母尚在，但也已是老態龍鍾，步履維艱。梁實秋回家一個月後，梁咸熙便因病而溘然長逝。

回到北京後的梁實秋並沒有再回北京大學執教，而是進了北京師範大學英語系。此時因戰亂紛擾，物價飛漲，普通工薪階層的生活極爲困苦。爲了持家度日，梁實秋在這一段時期還要利用寒假遠赴瀋陽兼課。好在程季淑理家有方，量入爲出，在收入短絀的情況下仍能略有節餘。但即使是這樣清苦的日子也並沒有維持多久，一九四八年(民國三十七年)冬，國共平津戰役拉開了帷幕，在共軍的攻勢之下，平津局勢日趨局促，易手只是時間上的事情。耳聽著槍炮聲越來越近，慮及自己和家人的前途和未來，憂鬱的梁實秋不禁深深地陷入了對往事的回憶之中。

一九四〇年一月，梁實秋曾參加了「國民參政會華北慰勞視察團」，赴華北抗日前線視察慰問。視察團的主要任務是爲參戰部隊授旗鼓氣，在原計劃中，有延安一行。但當視察團到達西安，等候延安方面安排具體行期之時，卻接到了一封重慶轉來的中共領袖毛澤東致參政會的電文，大意如下：

國民參政會華北慰勞視察團前來訪問延安，甚表歡迎，惟該團有青年團之余家菊及擁汪主和在參政會與共產黨參政員發生激烈衝突之梁實秋，本處不表歡迎。如果必欲前來，當饗以本地特產之高粱酒與小米飯。（據《秋室雜憶》中原文——引者注）

由於這封電文，視察團的延安之旅受阻，未能成行。

有過此番經歷，梁實秋當然無法在北京繼續留住，就在梁實秋絞盡腦汁，爲自己和家人的出路而犯愁之時，他接到了當時擔任中山大學（校址在廣州）校長的陳可忠的邀請信，請他去中山大學任職。一九四八年十二月十三日，梁實秋帶著兒子文騏、女兒文薔先行赴津購買南下的船票，於十二月三十日至香港，再到廣州。程季淑因代梁實秋三妹辦理房產出售手續，被遲滯於北京，後孤身輾轉，於一九四九年元旦到達廣州團聚。而大女兒文茜當時正在北京大學讀書，因不願放棄學業，一直留在北京。

團聚僅僅四年，流離失散之苦，重又來至眼前。當年在車站分別的情景，梁實秋的大女兒梁文茜記得十分清楚：

……我去送爸爸上火車，小妹文薔哭得擡不起頭來，弟弟楞著不言語，只有爸爸含淚隔著火車的窗户對我招手，只說了一句「保重」，隔著眼鏡我也看見爸爸眼睛紅紅的流下淚珠。火車開動了，越來越快，這時我忽然想起還有一句話要說，便拼命地跑啊跑啊追火車，追上去大聲喊：「爸爸你胃不好，以後不要多喝酒啊！」爸爸大聲回答我說「知道了」。火車越走越遠，一縷青煙，冉冉南去，誰能想到這一分手就是四十年。②

在廣州，梁實秋一家住在位於城內的中山大學教師宿舍——平山堂。雖分給他「兩室一廳」，但住宿條件之粗陋惡劣，非言語所能形容，對此梁實秋在《秋室雜憶》中專有一篇《平山堂記》詳細述之。

時至一九四九年（民國三十八年）四月，國內形勢大局已定。四月二十三日，南京被攻下。消息傳來，廣州震動，梁實秋也不得不再次爲自己的生路而憂慮。

此時國民黨政府的教育部的辦公地點就設在中山大學的大禮堂樓上，部長杭立武、次長吳俊升、翟恒等人多是梁實秋的舊識，他們告訴梁實秋，部裏準備在臺北恢復國立編譯館，當前的目的是收羅一批逃亡的學術界人士，希望梁實秋能參與這一工作。梁實秋聞言便接受了邀請。

一九四九年六月底，梁實秋帶著家人（其中梁文騏因故未能赴台，後復回北京）搭乘輪船，駛達臺灣，踏上了不歸之路。從此，故里家園，鄉音鄉情，只能在夢裏再現。

【附註】

①柯靈：《現代散文發展的三個時期》，一九八六年十月十三日，上海《文匯報》。

②梁文茜：《懷念先父梁實秋》，《回憶梁實秋》，吉林文史出版社，一九九二年十月版，頁二百零三。

第六章　實滿秋林

一、初識臺北

初到臺灣之時，「二・二八」的陰影尚未完全消散，動亂過後的情勢，未免還有幾分緊張與淒涼。在廣州臨行前，梁實秋就寫信給朋友徐宗涑先生：「請爲我預訂旅舍，否則只好在尊寓屋檐下暫避風雨。」徐先生很重情義，在梁實秋抵達基隆後即派人將他們接到臺北家中，與夫人史家貞盛情款待。對於朋友的深情厚誼，梁實秋夫婦銘記在心。

經徐先生介紹，梁實秋認識了大同公司的經理林挺生。林先生對梁實秋景仰已久，熱情邀請他到公司下屬的大同工業學校去教授英文和國文，並將位於德惠街一號的一棟日式寓所暫借給梁實秋一家居住。於是，在徐先生家住了四天之後，梁實秋搬到了德惠街，終於有了自己的棲身之所。

當時的德惠街是一處相當偏僻的地方。儘管如此，一到臺北就能借到住處，梁實秋仍感到非常幸運。房屋的前後有兩個小小的院子，沒有圍牆，只有矮矮的柵門，一推就開。前院有兩棵香蕉樹，透過窗戶可以窺視美美的香蕉，坐在屋內可以靜聽雨打蕉葉，這份幽靜和閒適對於飽受顛沛之苦的梁實秋來說是一種很好的享受。不足的是，日式房屋內鋪的是榻榻米，且因吸收了不少的水氣，散發出陣陣霉味，誘引了很多螞蟻前來寄居。

由於地處偏僻，人跡少至，所以周圍的治安狀況也很不好。梁實秋就曾親眼目睹光天化日之下，一個穿長衫的不速之客推開柵門，徑自走到窗前拿起窗臺上的一隻鬧鐘，揚長而去。甚至家中的電鍋也曾兩次蒙梁上君子「厚愛」。此後，他便很注意堅壁清野，將東西妥為收藏。

初到臺北，梁實秋擔任國立編譯館人文學科委員會主任委員。該館館長一職由當時的教育部長杭立武親自擔任，在洛陽街一幢樓房裏辦公，後館址由洛陽街遷到浦城街，因人員增多，業務漸繁，杭立武也無暇顧及，便邀梁實秋代理館長。

任職以後，大大小小的機關首長紛紛折簡邀宴，從未來往的各方人士也紛紛登門拜訪，甚至有人把夫人也帶來，與程季淑周旋接觸，使梁實秋頗感煩惱。有一次在宴席間，一位多年的老友拍著他的肩膀，笑著說：「你現在是杭立武的人了。」無意之中深深地刺傷了梁實秋的自尊。他一向自認為一身傲骨，不為五斗米折腰，如今受人譏諷，深感受了奇恥大辱。

回家後與夫人商議，程季淑勸他：「你忘記在四川時你的一位朋友蔣子奇給你相面，說你『一身傲骨，斷難仕進』？」她想起了她祖父的經驗，爲官而廉潔自持則兩袖清風，爲官而貪贓枉法則所不屑爲之，而且仕途險惡，不如趁早退出。她對梁實秋說：「假如有一天，朋比爲奸坐地分贓的機會到了，你大概可以分到大股，你接受不？受則不但自己良心所不許，而且授人以柄，以後永遠被制於人。不受則同僚猜忌，惟恐被你檢舉，因不敢放手胡爲而心生怨望，必將從此千方百計陷你於不義而後快。」程季淑的一席話，如醍醐灌頂一般，令梁實秋頓開茅塞，本來就無意於仕途的他堅定了去意。

一九五〇年三月，適逢政府改組，杭立武去職，梁實秋在代理了館長九個月以後，也正式請辭，脫離編譯館。從此無官一身輕，家中亦恢復了往日的寧靜。

二、教書育人

一九四九年七月初，梁實秋剛到臺北不久，新任臺灣省立師範學院院長劉眞從報紙上得到消息，便帶著聘書前往其德惠街寓所，誠邀梁實秋到該校英語系任教。梁實秋與劉眞素昧平生，但見其禮賢下士，誠意相邀，便欣然應允，在擔任編譯館職務的同時，兼任臺北師院的教職。離開編譯館之後，梁實秋拋卻他念，全身心地投入到了教學工作之中，並擔任了英語系主任的職務。

一九五五年，臺灣省立師範學院改制爲省立師範大學，仍由劉眞擔任校長。改制後的臺灣師範大學將原有的十多個系科分別歸屬於三個學院：教育學院、理學院和文學院。梁實秋擔任文學院院長兼英語系和英語研究所所長。劉眞校長思路開闊，銳意革新，給予各位院長以充分的自主權，他說：「聘請教授由院長負責，停聘教授由我負責。」事實上，包括梁實秋在內的三位院長都非常認眞務實，對師資延聘極爲嚴格，從不拉幫結派，照顧私人情面。

梁實秋認爲各系科一年級的「基本英文」課特別重要，一定要聘請最好的教授擔綱教學。他曾向劉眞力薦他在清華和留美時的兩位同學來校任教。到了第二年的暑假，他突然告訴劉眞，下學年不能再續聘他們了。劉眞問其緣由，梁實秋告知，這兩位教授本身的學問不錯，也有一定的教學經驗，但在過去一個學年的教學工作中，一位批改學生作業不夠認眞，一位在課堂上亂發與教學無關的議論。經過這件事，劉眞認爲梁實秋做事有原則，不徇私情，對他更爲欽佩。

梁實秋對於臺灣師大的貢獻，不僅局限於教學工作。他還熱心於校政，全力協助劉眞校長，致力於師大的發展。一九五一年前後，臺灣各大專院校紛紛自行選定偏遠地點設立分部。爲此，劉眞常與各系科主任一同前往臺北附近各縣市尋找可能設立分部之地。因爲踏勘之地多屬窮鄉僻壤，交通等多有不便，因此常有人因爲體力的關係而中途折返。只有梁實秋的熱情始終如一，十多次與校長一道奔走各地實地查看，最終選定了苗栗縣頭份鎮的私立大成中學作爲分部所在地。其間梁實秋不辭勞苦，到處奔波，做出了許多貢獻。

一九五三年，劉眞應邀赴美國進修考察。在他即將赴美之時，一向不喜迎來送往的梁實秋，在春寒料峭之中，親自帶領許多學生到機場爲劉眞送行，令劉眞感動不已。當劉眞問他爲何如此興師動衆時，他低聲說道：「你此次出國一年，爲時頗久。我今晚帶著很多學生爲你送行，至少可以表示大家對你的支援。學校需要安定，我這樣做，也許能發生一點作用。」可見梁實秋心中裝的都是學校、教育，實爲當代社會教師之楷模。

梁實秋從一九四九年七月應聘爲臺灣省立師範學院外文系主任，到一九六六年八月退休于臺灣師大，在該校工作了整整十七年。其間，他一向關心呵護學生，熱心于學生的各項活動，培育了一批棟梁之才。

師大有重視學生課外文藝活動的傳統，從師院開始，就成立了國劇社，經常有學生自行組織演出戲劇。每次有演出時，梁實秋不管多忙，都要親臨現場觀摩。因爲他具有較高的藝術修養，對國劇頗有研究，劇社同學在每次演出後都請他提出意見。而梁實秋也是樂此不疲，不僅自己參與，還常邀好友徐宗涑、時昭瀛等來觀劇，一道點評。有一次，他還邀請到著名戲劇家齊如山先生攜女弟子徐露同來。徐小姐還登臺清唱一曲，博得全場熱烈掌聲。

當代著名詩人、散文家余光中是梁實秋先生培養的得意門生之一。五十年代初，當余光中從廈門大學轉學至臺灣大學，在台大讀外文系三年級時，同班同學蔡紹班將他的一疊新詩拿去給梁先生評閱。不料，梁實秋很快就轉來一封信，對余光中的習作鼓勵有加，同時指出其師承囿於浪漫主義，建議他拓寬視野，多讀一些現代詩，如哈代、浩斯曼、濟慈等人的作品。

余光中的詩集《舟子的悲歌》出版後不久，梁實秋又爲其寫了一篇一千多字的書評，刊於一九五二年四月十六日的《自由中國》。他這樣評價余光中的詩歌：

最出色的要算是「暴風雨」一首，用文字把暴風雨的那種排山倒海的氣勢都描寫出來了，眞可說是筆挾風雷。

我們不難想像，一位文學大師如此褒獎會對剛剛跨入文學殿堂的青年作者以多麼大的激勵與促進。

後來，梁實秋還在師大英語中心爲余光中爭取到一個赴美留學的機會，送他到美國愛荷華大學攻讀了幾年英美詩與現代藝術。在獲得碩士學位回到臺灣後，余光中接受了師大的聘書，成爲該校專任講師。

像余光中這樣受到梁實秋關注與培養的文學青年還有很多。當年與余光中一起被人們譽爲「梁門三劍客」的夏菁、王敬義，都曾受過梁實秋的指點和幫助。正是由於對文學的鍾情與熱愛，將他們與梁實秋緊緊地聯繫在了一起。

三、碩果纍纍

梁實秋先生赴台不久，臺北正中書局的劉季洪前去拜訪，並向其索稿。適逢梁實秋在北平、重慶等地所寫的《雅舍小品》尚未問世，便交給了臺北正中書局。一九四九年十一月，《雅舍小品》一書在正中書局正式出版。

《雅舍小品》收錄的文章大都在《星期評論》、《世紀評論》等報刊發表過。這些散文或說古道今，或談人論物，娓娓道來，悠閒自由，爲散文創作吹來了一股清新之風，深受讀者喜愛。因此，《雅舍小品》出版後，一時「臺北紙貴」，一版再版，直至發行了數十版之多。

《雅舍小品》在臺灣問世以後，梁實秋依然筆耕不輟。由於特定的歷史條件，他的散文頗多思念、懷舊之作。一九五一年，當時臺灣謠傳大陸著名作家冰心夫婦「受到中共的迫害，雙雙自殺」。梁實秋聽到這一消息，寫了《憶冰心》一文。文章傳到冰心手中，她十分感激，曾寫了一封信，托人從美國轉交梁實秋，並懇切地請他回來看看大陸的近況。因爲冰心知道，梁實秋是北京人，他一直眷戀著老北京的衣、食、住……。

除此之外，梁實秋還陸續寫了其他一些回憶文章。一九五八年以來，《談徐志摩》、《清華八年》、《談聞一多》等許多懷舊散文集出版。一九七四年，他又將與《雅舍小品》同類的散文彙集成《雅舍小品・續集》繼續交由正中書局出版。此後又出版了《雅舍小品・三集》、《雅舍小品・四集》及四集合訂本。

除文學創作外，梁實秋從一九四九年開始了英漢字典的編寫工作。他第一次主持的字典編輯是爲世界書局的《英漢四用字典》增補五千個新字。一九五三年，又應遠東圖書公司之邀，主編英漢字典。

爲此，梁實秋組成了一個陳臚峰、傅一勤、張芳傑、吳奚眞等人參加的編寫組。經過大家的努力，《最新英漢辭典》於一九五五年出版。這本書雖然只收錄了一萬一千餘單字，但對於許多重點單字的基本用法都作了相當詳盡而適當的交代。在此基礎上，梁實秋後來又主編了遠東出版社一些較大的字典。一九六〇年出版的《最新實用英漢辭典》共收單字四萬字左右，一九六三年經過修訂收錄單字八萬字左右。

當遠東的老闆浦家麟見字典十分暢銷，計劃再次增訂時，梁實秋認爲：「字典之擴編，不宜以累積堆砌爲能事，宜就各字的重要性而決定其內容之繁簡的比例，故理想的擴編實無異於新編。」①於是梁實秋著手新編英漢辭典。

編辭典是件相當辛苦的事，儘管梁實秋也知道「有一些事，有能的人不肯做，無能的人做不好。編字典大概屬於此類。」②但他仍然樂意爲之。一九七一年，他所主編的《遠東英漢大辭典》完稿，後由遠東圖書公司出版。該書共收錄單字十六萬餘字，成語及例句四十餘萬條。在此前後由梁實秋主編的英漢、英語辭典竟有二十餘種。有趣的是，正是由於《遠東英漢大辭典》成爲了梁實秋後來與韓菁清相識的緣由，這也是梁實秋當初主編辭典時始料未及的。

梁實秋在繁忙的教學之餘，堅持寫作、翻譯與編寫各種辭典、教材，有時也感覺力不從心。因此他開始有了退休的打算。

在妻子程季淑的支援下，一九六六年夏天，梁實秋在臺灣師大奉准退休，結束了四十餘年的教育生涯。他曾計劃在退休之後，將莎士比亞劇本在數年內全部譯完。然後，用中文寫一部英國文學史，再用英文寫一部中國文學史。能胸有此大志者，必須輕鬆駕馭兩國文字，通曉兩國文學發展脈絡，具有相當的學術造詣，這在中外作家中均不多見。退休之後，他便沈浸於莎士比亞的世界裏。

梁實秋開始籌劃翻譯莎士比亞戲劇始於一九三〇年，後因戰亂，顛沛流離，只翻譯了其中十部。赴台後，家庭生活漸趨安定，他便從一九五九年起繼續譯事。到一九六七年譯完全部《莎士比亞全集》，歷時整整三十八載。人們很想知道是什麼力量支援他完成了如此巨大的翻譯工程。

在談到此事時，梁實秋先生在《豈有文章驚海內——答丘彥明女士問》中有這樣的文字：

蓋得三個力量的支援：第一是胡適之先生的倡導。他說俟全部譯完他將為我舉行盛大酒會以為慶祝。可惜的是譯未完而先生遽歸道山。第二是我父親的期許。抗戰勝利後我回北平，有一天父親扶著拐杖走到書房，問我莎劇譯成多少，我很慚愧這八年中繳了白卷，父親勉勵我說：「無論如何要譯完它。」我聞命，不敢忘。最後但非最小的支援來自我的故妻程季淑，若非她四十多年和我安貧守素，我不可能順利完成此一工作。③

梁實秋曾告訴女兒文薔：「一星期校對十本莎氏稿，可把我整慘了，幾乎把我累死！……譯書之苦，不下於生孩子」。④

一九六七年八月六日，臺灣「中國文藝協會」、「中國語文學會」、「中國青年寫作協會」、「臺灣省婦女寫作協會」在臺北「自由之家」聯合舉辦莎士比亞戲劇翻譯出版慶祝會。與會者約三百人。大會主席張道藩在致詞中說：「梁先生替中國文藝界新添了一大筆精神財富」。

《中華日報》在報導此事時，說梁實秋是「三喜臨門」：「一喜，三十七本莎翁戲劇出版了，這是臺灣省的第一部由一個人譯成的全集；二喜，梁實秋和他的老伴結婚四十周年；三喜，他的愛女梁文薔帶著丈夫邱士耀和兩個寶寶由美國回來看公公。」

但在梁實秋看來，最讓他感動的卻是兩件事：一是謝冰瑩先生在慶祝會中致詞：「莎氏全集的翻譯之完成，應該一半歸功於梁夫人！」另一件是世界畫刊社的社長張自英先生在刊發程季淑的照片時特別注明：「這是梁夫人程季淑女士——在四十二年前——年輕時的玉照，大家認爲梁先生的成就，一半歸功於他的夫人」。梁實秋認爲此言極是。

在譯完莎士比亞全集之後，梁實秋開始著手寫作《英國文學史》這一宏大工程。一九六九年二月七日他在寫給女兒文薔的信中宣佈：「我的英國文學史已正式破土開工了！預計五大冊，三百萬字左右，七十歲生日出版。」此後，由於生活不能安定，一九七二年遷美定居，一九七四年程季淑突然去世，一九七五年又遷返臺北，對寫作影響不小。

這一工程直至一九七九年夏終於完稿，共寫作英國文學史約一百萬字，英國文學選約一百二十萬字。此書稿由協志工業叢書出版公司收購，一九八五年夏出版。

四、美國之行

在完成莎士比亞全集的翻譯工作以後，梁實秋感到前所未有的輕鬆和愉快。一九六八年春天，他重讀一篇短篇小說《遲些聊勝於無》（Better Late Than Never），講述的是一位老人退休後領了一筆錢帶著老妻補做蜜月旅行。其中的情節深深感染了梁實秋，他忽然想到應該帶夫人到美國遊歷一番，看看在美國的女兒文薔一家，順便也補償當初結婚時未能享受的蜜月旅行。

當程季淑起初不肯時，他便引用小說中的一句原話：「什麼，一個新娘子拒絕和她丈夫做蜜月旅行！」於是，一向溫順善良的程氏便聽從了丈夫安排，與梁實秋一起於一九七〇年四月二十一日飛往美國，開始了爲期四個月的蜜月旅行。梁實秋將其間的所見所聞所感寫成了《西雅圖雜記》。

剛踏上美國的土地，梁實秋就接到了海關人員遞來的一張印刷品。這是以美國總統名義所寫的題爲《致光臨美國的諸位來賓》的公開信；一出海關，他又遇到邱士耀、梁文薔帶著君達、君邁兩個孩子來接他們，孩子還爲兩位老人獻上兩束鮮花。當他聽說這鮮紅的鬱金香是孩子們的老師在知道孩子請假的緣由後，特意從自己家園中摘取時，他對美國社會產生了良好的印象。

在美國，梁實秋夫婦住在西雅圖，飽享天倫之樂。華盛頓的氣候土壤很適合水果蔬菜生長，有些農場、果園主便歡迎有興趣的人士去自己摘取，廉價出售。於是，梁實秋夫婦在女兒、女婿的陪同下幾度到西雅園附近的農場「U-Pick」（「自己摘」）。

一九七○年六月底，他們舉家到美國東部旅遊，足跡遍及華盛頓、紐約、波斯頓、尼加拉瀑布，然後進入加拿大界西南行，再返回美國界到「Ford Country」底特律。

在汽車大王亨利・福特的故居，有一塊石頭上面刻著這樣一行字：

CHOP YOUR OWN WOOD AND IT WILL WARM TWICE

柴火自己砍，身體便可暖兩回。

這句話引起了梁實秋的思索與共鳴。在他看來，工作取得成果固然是一種享受，其實工作的過程本身也充滿了樂趣。因爲梁實秋本人就是一個「自己砍柴暖兩回」的典型。

在美國，他還到了四十多年未到的哈佛大學。哈佛廣場依然是那樣逼仄，在魏德納圖書館旁邊增加了一塊中國學生捐贈的石碑。在梁實秋的印象裏，哈佛是一個最保守的學校，可如今嬉皮型學生隨處可見。他不由感慨，若是四十幾年前吉退之教授（Kittredge）、白璧德教授（Babbitt）看了會有何感想。

有一次從市區歸來，梁實秋看到遠遠的有遊行隊伍。人們揮舞旗子，呼喊口號，領頭的人還提著一面倒懸的國旗，據說是表示「在災難中」的意思。第二天看報他才知道是大學生們對坎特大學兩名學生被殺的抗議遊行。

與我國昔日的五四運動相比，梁實秋百思不得其解：

我們的運動是愛國運動，美國的學生怒氣衝天是爲了什麼？有些地方的學生們砸銀行的玻璃窗，甚至有焚毀國旗的舉動，其意義眞有些令人納悶。在我們近代史中，不止一次因撕毀外人國旗而引起一場侵略戰爭，因爲撕毀國旗即是侮辱國家，如今美國人自己焚毀他們自己的國旗，居然沒有人說話，沒有人制止，沒有人追究！⑤

從文中的語氣和觀點不難看出梁實秋是一個堅定的愛國主義者，他無法理解與容忍那種肆意侮辱自己國旗的年輕人。同時，他對那些在自己門前經常懸掛國旗的人們，表示由衷的敬意。

五、夢斷槐園

因爲在臺北幫做家務的小姐即將結婚，梁實秋夫婦便於一九七〇年八月十九日匆匆返回臺北。

回台以後，夫婦倆相依相伴。由於梁實秋患上了糖尿病，腿腳不夠痳利，兩耳也漸漸失聰，因此程季淑的任務更加艱巨，家庭內外都需要由她照顧。漸漸地梁實秋也發現她的體力不如從前，便盡可能減少在家宴客的次數。

有一天，程季淑從沙發上起立忽然昏倒在地，經查血壓高至二百四十幾度。在西雅圖的女兒文薔考慮到父母年事已高，膝下又無小輩照料，就希望他們能到美國居住。

一九七二年，美國總統尼克森訪問大陸，與周恩來先生會談並發表《上海公報》。此事在臺灣震動很大。加之梁實秋對美國印象總體良好，便下定決心賣掉臺北住房，遷移美國。

由於傳統文化的影響根深柢固，要做客異國他鄉，梁實秋心中悵然若失。文薔無言以慰，只能刻一方「四海爲家」的印章送給爸爸作生日禮物，希望幫他一解胸中抑鬱。五月二十六日，梁實秋終於正式移居西雅圖。

抵美後，梁實秋申請了長期居住證，但並不願加入美國國籍。「入美國籍必須宣誓，忠於美利堅合衆國。這一點，我做不到。因爲，我愛我的中國。」⑥

西雅圖是一座風光綺麗的海濱城市，這裏早已給梁實秋夫婦留下了良好印象。現在遷移美國，舊地重遊，兩位老人更加興奮。

每逢周末，女婿駕車，全家外出郊遊，咸水公園撈海帶，植物園池塘飼鴨，摩茲提歐輪渡碼頭餵海鷗，奧林匹亞啤酒廠參觀釀造，斯諾誇密觀瀑，義勇軍公園溫室賞花，布歐農莊摘豆，其樂融融，令人樂不思蜀。平時兒孫繞膝，孝敬老人，梁實秋夫婦感受到了天倫之樂。

隨著年齡的增長，梁實秋夫婦並不諱言死，只是希望「有一天能夠口裏喊著『一、二、三』，然後一起同時死去」。⑦他們經常在一起低吟英國詩人朋士（Robert Burns）的一首小詩《約翰安德森我的心肝》

約翰安德森我的心肝，約翰，
　想當初我們倆剛剛相識的時候，
你的頭髮黑的像是烏鴉一般，
　你的美麗的前額光光溜溜；
但是如今你的頭禿了，約翰，
　你的頭髮白得像雪一般，
但願上天降福在你的白頭上面，
　約翰安德森我的心肝！
約翰安德森我的心肝，約翰，

我們倆一同爬上山去，
很多快樂的日子，約翰，
我們是在一起過的：
如今我們必須蹣跚的下去，約翰，
我們要手拉著手的走下山去，
在山腳下長眠在一起，
約翰安德森我的心肝！⑧

梁實秋夫婦非常喜愛這首詩，在兩位老人「手拉著手走下山去」時，他們深深體會其中蘊藏著的眞摯情感與哀傷。

然而，沒有想到的是，那一天來的是那麼快，措不及防。一九七四年四月三十日上午，梁實秋夫婦手拉著手來到附近市場去買一些午餐食物，突然市場門前一個梯子轟然倒下，正好擊中程季淑。在送進醫院手術室時，她對梁實秋重覆說的一句話是：「華，你不要著急！華，你不要著急！」

誰料這竟是她與心愛的人所說的最後一句話，令梁實秋肝腸欲斷。

程季淑去世後，梁實秋將她安葬在西雅圖北面的一處綠草如茵的槐園墓地。六月三日，臺灣師大英語系同仁在臺北善導寺設奠追悼，梁實秋寫了一對聯寄託哀思：「形影不離，五十年來成夢幻；音容宛在，八千里外吊亡魂」。⑨八月，他又寫成了《槐園夢憶》一書「緬懷既往，聊當一哭！哀心傷悲，擲筆三歎！」這正是當時梁實秋心情的眞實寫照。

夢斷西雅圖後，梁實秋悵然若失，經常觸景生情。一九七四年十一月，他搭機飛回臺北。

【附註】

①《遠東英漢大辭典．序》，遠東圖書公司，一九七五年版。
②梁實秋：《豈有文章驚海內——答丘彥明女士問》。
③同上。
④陳子善編：《回憶梁實秋》，吉林文史出版社，一九九二年十月版，頁二百四十。
⑤《梁實秋自傳．西雅圖雜記》，江蘇文藝出版社，一九九六年六月第一版，頁二百九十四。
⑥《梁文茜懷念父親梁實秋》，香港《大公報》一九八七年九月三十日。
⑦《梁實秋自傳》，江蘇文藝出版社，一九九六年六月第一版，頁三百〇五。
⑧同上。
⑨《梁實秋自傳》，江蘇文藝出版社，一九九六年六月第一版，頁三百〇七。

第七章　晚晴似火

一、一見傾心

梁實秋認爲，大凡是眞正純潔的愛，絕大多數是一見傾心的。他晚年的感情經歷也恰恰驗證了這一點。

一九七四年十一月二十七日是梁實秋個人感情生活發生重要轉折的時刻。那天，著名影星韓菁清與謝仁釗教授一起到遠東圖書公司去取梁實秋主編的《遠東英漢大辭典》。謝聽說梁實秋已從美國回到臺北，住在華美大廈，便前往拜訪梁實秋。

韓菁清系湖北黃陂人，父親韓惠安是大鹽商，共有八位夫人。韓菁清是三姨太所生。她家境良好，從小受到較好的教育，熟諳古文，兼懂英文，擅長書法、丹青。一九四六年十五歲時便榮膺上海「歌星皇后」的稱號。一九四九年遷居香港後，當過編劇、影星、歌星，後又移居臺北，相繼主演過《大衆情人》、《一代歌后》、《香格里拉》、《我的愛人就是你》

等影片，錄製了《一曲寄情意》、《多謝你的黃玫瑰》等唱片，還出版過《韓菁清小品集》。

韓菁清本名韓德榮，因喜愛登臺唱歌，便從《詩經．唐風．杕杜》「其葉菁菁」中取「菁菁」爲藝名。後因「菁菁」爲藝名的歌星較多，便又更名「菁清」。

當梁實秋從閒聊中得知「菁清」的來歷時，嘖嘖稱道：「你不簡單哪，小小年紀的時候，就知道《詩經》，知道其葉菁菁」。此時，韓菁清已悄悄地進入他的內心深處。

也許因爲他是一名作家的緣故，也許因爲他原來就是性情中人，梁實秋心中充滿了浪漫主義情懷。即便是在當時的歷史背景，當時那樣的年紀，他還是按捺不住一見傾心的激動，在與韓菁清第一次見面後，便夜不能寐，眞正感受到「愛情之來不由自主」。

當梁實秋邀韓菁清在林森路阿羅哈餐廳第一次共進晚餐後，他無比興奮與激動，寫下了《第一次晚餐》，記錄當時的心情：

好熱鬧，車水馬龍，
好明亮，萬道霓虹，
我們倆，攜手同行鬧市中。
漫相對，酒綠燈紅，
最難忘，你的笑容。

低頭看，金魚游泳，
攪碎了，隻隻倒影。
偷眼看，脈脈傳情，
驀傳來，輕快歌聲。
這情景，永在心中，
這情景，永在心中。①

在與梁實秋相識、相處幾天之後，韓菁清已經從他的言談舉止中感受到了火一樣的情感。但因兩人年齡相差懸殊——梁實秋時年七十一歲，韓菁清才四十三歲，且兩人均為公眾人物，倍受媒體關注，因此她不敢輕易有所表示。在她十二月一日寫給梁實秋的信中，她寫出了當時的複雜心態：

想不到我們的緣份是這麼好，「一見如故」，猶如多年的朋友！別人不信，我們也曾有點膽怯、懷疑吧？但事實證明我們談得是如此投機，彼此都付出了一份「眞」！好微妙！好神奇！

……

僅僅的幾句話，僅僅的幾個字，僅僅的幾個小動作，我知道您是多麼的疼我！可是您要趁早瞭解我的爲人，（除了學問品德之外），我在某方面的氣量好小，豈僅是容納不了一粒沙子？『小灰』也受不了！」②

很快，十二月二日，梁實秋便給韓菁清寫了第一封信，表明了自己的堅定決心：

你不要任性，要冷靜的想一想。從十一月廿七日到今天還不到一星期，誰能相信？我認爲這是奇蹟，天實爲之！我們還有漫長的路要走，希望我們能互相扶持。③

二、鴻雁往來

梁文薔在《長相思——槐園北海憶雙親》中有這樣的文字：

寫信是爸爸生命中很重要的一環。他愛收信、愛寫信、愛發信、愛藏信。

……

爸爸拿寫信當家常便飯，認爲是每日工作之一，是款舒情懷之方式，是與世界溝通之橋梁。爸爸寫信，振筆疾書，不擬稿，不重寫，不修改，一氣呵成。

……

爸爸之愛收信，在《雅舍小品》初集《信》一文中描寫的淋漓盡致，他收信時心情之迫切和發信時不相上下。郵差前腳剛走，爸爸就已飛奔出去取信了。

梁實秋對信的偏好和感情在與韓菁清的交往中得到了更爲充分的體現。在他們相識以後的一個多月的時間裏，梁實秋在幾乎每天見面的情況下，給韓菁清寫了三十多封信。從一九七五年一月九日梁實秋赴美到三月二十九日飛回臺北七十七天的別離時間，梁實秋竟一連寫了八十三封信，每日一封甚至三封司空見慣。

梁實秋是一位著名作家，寫信撰稿乃家常便飯，信手拈來，但像如此頻繁的鴻雁往來，傾訴衷腸，恐怕許多熱戀中的青年男女都望塵莫及吧！

一九七五年一月九日，當梁實秋因處理程季淑傷亡的官司無奈必須赴美時，他心亂如麻。在信中，他叮囑韓菁清要每天給他寫信，介紹每天的作息情況，因爲他渴望知道。他關心她的睡眠，希望她每天晚上早點睡，他說：「如果我回來發現你的起居時間稍微有些改變，我將大爲喜悅」。他還特別關照：「不可咬指甲，每次咬時就要想像你的人在旁邊拉著你的手！」④

在體貼入微之餘，他再次斬釘截鐵地表示：「沒有任何人任何事能妨礙我們的婚姻。我將在最早可能的時候回來辦理我們的終身大事。」⑤後來發生的一切也證明了這一點。

臨行時，二十多位朋友到機場爲梁實秋送行。女作家琦君送給他兩首打油詩，其一是：「臨行已訂再來期，半爲知交半爲伊，寶島風情無限意，添香紅袖好吟詩。」在飛機上，梁實秋信筆和了一首：「行前早已數歸期，腸斷陽關未有詩，總是人間多遺恨！相逢不在少年時。」⑥後來他將這兩首詩寫信告訴了韓菁清。

一到西雅圖，梁實秋就和女兒文薔談到自己與韓菁清的事。梁文薔內心十分矛盾，一方面她理解父親，知道父親是一個重感情的人，另一方面，又擔心兩人的生活方式能否協調，懷疑韓菁清能否洗盡鉛華過一種異於往昔的生活。以至於文薔失聲而哭。

在西雅圖，梁實秋每天都渴望得到韓菁清的來信，用他自己的話說「有如大旱之望雲霓」。⑦由於兩人都是社會名流，加之信件往來過於頻繁，爲避免引起郵差及其他人的注意，梁實秋在信封上都寫上韓菁清的本名韓德榮，而且提議在信中都不署眞名。

儘管如此，兩人的熱戀仍然成了新聞界的「熱門話題」，甚至外界盛傳韓菁清要將他們的情書出版。梁實秋聞訊後大驚，立即寫信給韓菁清：「關於我們的書信，將來如何處理，確是一個問題，我不反對發表，如果你同意，但必須在我去世之后。我這一個條件，我相信你會贊成。」⑧

三、傾城之戀

上個世紀九十年代，大陸作家葉永烈曾以《傾城之戀》爲書名敘述了梁實秋與韓菁清的愛情故事。然而，由於新聞界的渲染與炒作，「傾城之戀」也給他們的愛情平添了不少煩惱。

一九七五年一月十九日，臺灣《聯合報》在第三版以《名教授梁實秋傳出續弦消息，友好為他介紹物件，韓姓女友頗有交往》為題，報導了梁實秋戀愛的消息。文章說：

我國莎士比亞權威梁實秋赴美後，臺北傳出他可能續弦的消息。據說歌星韓菁清是他的朋友們準備撮合的物件之一。

據梁實秋一位好友說，梁實秋並不隱瞞這件事。因為他的生活需要有人照顧。但是梁教授苦於舊情難忘——他的夫人程季淑女士去年四月在西雅圖被商店招牌擊中而去世，他曾出版紀念集《槐園夢憶》，深表哀思。續弦之議，不會在短期內發展成事實。

梁實秋教授于去年十一月初回國。在國內一個月中，朋友為他介紹幾位女友，韓菁清是其中一位，梁實秋和她交往次數也較多。不過，據他好友說，梁實秋做事穩健，大概要經過一番考慮，才能決定這樁婚事。⑨

梁實秋從韓菁清那裏得知此事後，氣得渾身發抖，茶飯不思，立即發航空快信給韓菁清請她保重。此事經大小報刊渲染後，立即成為文教界的「熱門話題」，衆說紛紜。

臺灣婦女月刊《摩登女性》曾經就此事組織過一次徵文活動，題目為：梁實秋與韓菁清的婚事，說說你的看法。老朋友中有關心支持的，也有竭力勸阻的。更有好事者將以前報刊刊載的有關韓菁清的「花邊新聞」剪報寄給梁實秋。此事使梁實秋大受刺激，但始終沒有動搖他的決心。

他在給韓菁清的信中再次重申：

沒有人，沒有什麼事情，過去現在未來都算在內，能破壞我們的愛情與婚姻。我愛你，是無條件的，永遠的，純粹的，無保留的，不惜任何代價的。

……我感激寄資料的人，他使我更愛你，更同情你，更瞭解你，更死心塌地決心與你婚後廝守一生。⑩

許多人都誤認爲梁先生老年需要找一個伴侶照顧自己的生活。對此，梁實秋特別向韓菁清聲明：

我不是在追求特別護士，我是在愛情中。沒有一個人瞭解到這一點。⑪

然而，有趣的是，梁實秋的戀愛也產生了意想不到的效果：美國有一位教授五十左右，前幾年結婚，三年後仳離，一直想續弦，但是他心理不很正常，遇到一位對象後，遲遲不能決定自己的婚事。有人勸他不必再自討苦吃，也有人勸他不妨再爲嘗試。正當他左右爲難之際，聽說梁實秋不久即將結婚，乃奮然而起，積極進行，聲言不能落在梁實秋的後面。

由於新聞風波不斷，加之思戀韓菁清心切，梁實秋在西雅圖歸心似箭。經歷了一番好事多磨，三月二十八日，梁實秋終於如願登上返台的飛機，二十九日悄然回到臺北，與自己心愛的韓菁清小姐團聚。

四、喜結良緣

一九七五年五月九日，梁實秋與韓菁清終於衝破了世俗的偏見與阻力，在臺北喜結良緣。證婚人是臺北市議會議長、大同公司董事長林挺生。司儀就是梁實秋本人。他在致詞時心花怒放：

謝謝各位的光臨，謝謝各位對我和韓小姐的婚姻的關心。我們兩個人同中有異，異中有同。最大的異，是年齡相差很大，但是我們有更多相同的地方，相同的興趣，相同的話題，相同的感情。我相信，我們的婚姻是會幸福的、美滿的。⑫

實踐證明，梁實秋的預言是正確的。他曾寫了一首《給小娃》的詩記述他們甜蜜的愛情生活：

我早晨擠杯柳澄汁，
爲你午間起來喝；
你晚上送來熱茶水，

怕我夜裏醒時渴。

這可是瓊漿？
這確是甘露。
勝似千言萬語，
抵得祝福無數。⑬

對於梁實秋的婚事，他的老朋友劉紹唐的看法較爲客觀公允：

使梁先生晚年生活有巨大改變的，是與韓菁清結婚。此事是當時的熱門新聞，也引起一些人的非議，包括許多高足與好友在內，甚至從此或有相當時間與梁先生斷絕來往。干涉他人的婚姻，還振振有詞，這些人今天看來實在有些不可思議。

梁先生本是一個熱情奔放的人，過去因受傳統社會與家庭的拘束和壓力，毋寧說是愼言愼行。待續弦後，恢復了青春活力，恢復了寫作意願……⑭

熟悉梁實秋夫婦的朋友都知道，他們的愛情生活是幸福和美滿的。儘管他們經常因故往來於美國、香港等地而短暫分離，但時間和空間並不能隔斷彼此的思念和情絲。梁實秋曾用李清照的《一剪梅》表達自己的相思之情：

一種相思，兩處閒愁。

此情無計可消除。

才下眉頭，卻上心頭。

梁實秋與韓菁清的愛情為他的寫作提供了有力的精神源泉。馬逢華先生在《管領一代風騷》一文中明確指出：

一九七五年以來，梁先生以耄耋帶病之年，而能夠維持相同的健康，並且寫作不輟，散文和學術著作，源源而來，陸續出版了幾十本書，包括大部頭的《英國文學史》在內。這些成就至少也應該有一半要歸功於梁夫人韓菁清女士。菁清夫人對於梁公晚年的寫作，至少是提供了舒適安靜的環境和條件，才能使他有如老樹開花，結實纍纍。即在題材和風格方面，也自然有她的影響。比如先生的《群芳小記》（聯合副刊，一九七九年十二月五日）那樣的文章，就是在「白髮黃花相牽挽，付與旁人冷眼看」的心情下，為了菁清夫人愛花而寫的。⑮

馬先生所言應驗了人們常說的一句話：一個成功男人的背後一定有一個偉大的女性。

【附　註】

①《梁實秋韓菁清情書選》，上海人民出版社，一九九一年版。
②同上。
③同上。
④《梁實秋韓菁清情書選》，上海人民出版社，一九九一年版。
⑤同上。
⑥同上。
⑦同上。
⑧同上。
⑨魯西奇：《梁實秋傳》，中央民族大學出版社，一九九六年五月第一版，頁二百四十。
⑩《梁實秋韓菁清情書選》，上海人民出版社，一九九一年版。
⑪同上。
⑫魯西奇：《梁實秋傳》，中央民族大學出版社，一九九六年五月第一版，頁二百四十九。
⑬《梁實秋韓菁清情書選》，上海人民出版社，一九九一年版。
⑭《傳記文學》，第五十一卷第六期。
⑮《傳記文學》，第五十二卷第一期。

第八章　夢回故里

一、骨肉團圓

客居臺北的梁實秋，一直牽掛著海峽彼岸的故友親朋，思念著自己的故鄉。當小女兒文薔搬入新居向他討一條幅時，他寫下了自己的感受：

溪邊霧散燈明滅，斯人憔悴清秋節，攜杖任優遊，行雲眼底收，閑愁都幾許，無意再重數，鬢上又添霜，何時歸故鄉。

在這一條幅的落款處，他寫下了「梁實秋時客臺北」。可見，在梁實秋的心中，他一直是一位客居他鄉的遊子。

除了小女兒梁文薔住在美國外，當時梁實秋尚有一兒一女梁文茜、梁文騏留在大陸。在那個特殊時期，海峽天塹阻隔了骨肉團圓。

由於梁實秋曾被魯迅稱為「喪家的、資本家的『乏』走狗」而使子女受到牽連。北京大學法律系畢業的梁文茜曾被劃爲「右派分子」，安排到房管局當會計，同爲北京大學畢業的梁文騏「文革」中被下放到農村，倍嘗艱辛。此時的梁實秋與大陸兒女天各一方，失去了聯繫，思念之情油然而生。

一九七三年，在中美邦交正常化以後，美國科學家代表團應邀前往大陸。梁實秋委託其中一成員爲他尋找大陸的女兒。經過熱心人士的聯繫、幫助，在程季淑去世後不久，一九七四年六月梁實秋終於等來了期盼二十五年的大陸兒女的消息。但當時大陸正值「文革」時期，骨肉團圓尚未有期。

隨著大陸的改革開放，家人團聚的時機逐步成熟。一九八〇年六月，在林太乙、余光中等人的幫助下，梁實秋終於輾轉在香港見到了兒子文騏。後來兒子文騏取道美國，來到臺灣，成了中央研究院統計科學研究員、中央大學統計研究所教授。梁實秋的晚年多了兒子的照顧。

一九八一年夏，小女兒文薔攜子邱君邁到大陸探親，她瞭解父親的鄉思和鄉愁，特意到北京的舊居參觀。那裏是梁實秋的出生地。爲了讓父親詳細瞭解舊居的近況，文薔非常仔細地觀察了那裏的一磚一瓦、一草一木。有的地方還用照相機拍攝下來。在她離開舊居的時候，她的大姐文茜特意折了一小枝棗樹葉，上有一個小青棗，囑咐文薔一定要帶到臺灣，轉交給父親。當梁實秋收到這一枝棗樹葉，聽到文薔講述姐姐文茜、哥哥文騏在「文革」期間的艱難境遇時，猶如一場夢魘，情緒激動，漸感不支。爲此他更加思念遠在大陸的兒女。

後來，女兒文茜也於一九八三年六月十八日如願來到西雅圖與父親團聚。相隔三十年，父女相見，梁實秋老淚縱橫。梁文茜帶了一幅老舍夫人寫的「健康是福」送給了父親，梁實秋十分高興，回臺灣後就送到《聯合報》上刊出了。

短短十幾天的相聚，要訴說三十多年的離別之苦、思念之情，文茜整天講個不停。梁實秋還要陪著女兒到程季淑的墓地裏獻花，到商場購物，參觀市容，感到緊張和疲憊。

與兒女的相見，更激發了梁實秋對故鄉和故居的懷念。爲了一解父親的鄉愁，梁文茜爲父親寄來了銅鎮尺、銅筆架，那是梁實秋當年在北京公立第三小學參加畢業會考而獲得的獎品。梁文茜還來到父親曾領著自己散步的青島海灘，捧了一把沙土連同自己的照片寄給了老人。

隔海相望近四十年，晚年的梁實秋一直期盼在有生之年回到大陸，回到自己的家鄉，但由於歷史和政治的原因，這竟成了他此生未了的心願。

二、巨星殞落

耄耋之年的梁實秋經歷了老年喪偶的心痛、晚晴似火的愛情以及骨肉團圓的大喜大悲，太多地感悟了人生的酸甜苦辣、喜怒哀樂。梁實秋是一個有感情、重情義的人。在他晚年的每時每刻，他都深深地懷念著自己的結髮之妻程季淑，相思之苦與日俱增。每逢程季淑的忌日，他總是不忘寫上一首詩或囑咐女兒文薔到母親墓地獻上一束花，寄託哀思。

在程季淑十二周年忌日，梁實秋仿古樂府詩體寫了一首《長相思》代表了他晚年的心情。

長相思（悼亡）

長相思，在天邊。當年手植山杜鵑，紅葩簇花倚闌幹。花開花謝十二度，無由攜手仔細看。

槐園草綠應依然，歲月催我亦頭斑，往事如雲又如煙。夢中相見無一語，空留衾枕不勝寒。

長相思，淚難乾。①

隨著相思之情的日益加劇，梁實秋自己的身體狀況也大不如前。一九八七年十月，他譯完了最後一部譯作——美國作家Mark Patinkin的《生死邊緣》（Narrow Edge of Life Death）爲自己的文學生涯畫上了句號。

也許是冥冥之中自有天意，也許是上天故意要給人間留點遺憾，同月，當梁實秋得知政府已開放民衆赴大陸探親的禁令時，欣喜萬分，與大女兒梁文茜相約翌年春節在北京相會。誰料，就在梁文茜將這一好消息告知父親老友冰心的前幾天，梁實秋卻因心臟不適住進了臺北中心診所，於十一月三日在那裏猝然長逝。

當時，余光中先生等人正在策劃爲他的八十六歲（虛歲）生日編一本祝壽文集《秋之頌》，不料這卻成了他仙逝後的紀念文集。

遵照梁實秋的「治喪之事，一切從簡」的遺囑，韓菁清、梁文騏等共同商定於十一月八日下午舉行祭奠，祭畢即安葬于淡水北海墓園，面向大陸，遙望故鄉。

老舍夫人胡潔青在挽聯中用十四個字精闢地概括了梁實秋先生充滿智慧、才情與學識的一生：

生前著作無虛日，
死後文章惠人間。②

這就是梁實秋——一代文壇巨星的眞實寫照。

【附　註】

①陳子善編《回憶梁實秋》，吉林文史出版社，一九九二年十月第一版，頁二百三十六。

②魯西奇著《梁實秋傳》，中央民族大學出版社，一九九六年五月第一版，頁二百六十八。

後記

當我們寫完這本小書的時候，望著窗外如茵的草坪和明媚的陽光，聽著鐘樓悠揚的鐘聲，心情如春光一樣的燦爛。

因爲這是我們同窗多年初次的合作，而且傳主梁實秋先生的智慧與學識、浪漫與才情以及清新與淡雅的文風，爲我們所共賞。爲二十世紀這樣一位經典作家立傳，總覺得文字的力量是那樣的渺小，加之資料的匱乏和筆者學識、水平所限，不足之處在所難免。但這只是一個開端，我們的合作將會由此延續下去，我們有信心、有機會在未來的合作中彌補本書的遺憾。

本書在寫作過程中，參閱了梁實秋先生的諸多作品、梁先生親朋好友的紀念文章以及學界同仁的研究成果，在此一併致謝。

借此機會，我們還要特別感謝海峽兩岸的張堂錡教授、范培松教授和欒梅健教授，感謝我們的家人，他們的關心支持是我們寫作的動力和精神源泉。

江湧　卞永清　二〇〇二年五月于姑蘇東吳園

參考書目

《雅舍懷舊——憶故知》中國友誼出版公司，一九八六年版。
《雅舍小品選》中國友誼出版公司，一九八八年版。
《文學的紀律》論文集，人民文學出版社，一九八八年版。
《梁實秋文學回憶錄》嶽麓書社，一九八九年版。
《梁實秋散文精品》浙江文藝出版社，一九九二年版。
《雅舍雜文》上海人民出版社，一九九三年版。
《雅舍小品》中國文聯出版公司，一九九三年版。
《梁實秋的夢》葉永烈著，上海書店，一九九三年版。
《傾城之戀——梁實秋與韓菁清》葉永烈著，中國青年出版社，一九九四年版。
《梁實秋——傳統的復歸》徐靜波著，復旦大學出版社，一九九六年版。

《梁實秋傳》魯西奇著，中央民族大學出版社，一九九六年版。
《中國文藝論戰》（影印本）李何林編，上海書店，一九八四年版。
《聞一多書信選集》人民文學出版社，一九八四年版。
《聞一多選集》（第一卷）四川文藝出版社，一九八七年版。
《大後方文學論稿》蘇文光等著，西南師範大學出版社，一九九四年版。
《二十世紀中國文學史論》王曉明主編，東方出版中心，一九九七年版。
《箭與靶——文壇名家論戰文編》許道明、陳麥青編，上海文化出版社，二〇〇一年版。
《回憶梁實秋》陳子善編，吉林文史出版社，一九九二年版。
《梁實秋自傳》江蘇文藝出版社，一九九六年版。
《雅舍閒翁》劉炎生編，東方出版中心，一九九八年版。
《梁實秋韓菁清情書選》葉永烈選編，上海人民出版社，一九九一年版。
《雅致人生》何乃清編，花城出版社，一九九一年版。